PODEROSOS ARQUÉTIPOS
DESVENDANDO OS SEGREDOS DO SUCESSO

Editora Appris Ltda.
1.ª Edição - Copyright© 2024 da autora
Direitos de Edição Reservados à Editora Appris Ltda.

Nenhuma parte desta obra poderá ser utilizada indevidamente, sem estar de acordo com a Lei nº
9.610/98. Se incorreções forem encontradas, serão de exclusiva responsabilidade de seus organizadores. Foi realizado o Depósito Legal na Fundação Biblioteca Nacional, de acordo com as Leis nos
10.994, de 14/12/2004, e 12.192, de 14/01/2010.

Catalogação na Fonte
Elaborado por: Josefina A. S. Guedes
Bibliotecária CRB 9/870

M827p
2024
	Morais, Lucimara de
	    Poderosos arquétipos: desvendando os segredos do sucesso /
	Lucimara de Morais. – 1 ed. – Curitiba : Appris, 2024.
	    171 p. ; 21 cm.
	
	    ISBN 978-65-250-5471-1
	
	    1. Arquétipos (Psicologia). 2. Jung, Carl, 1875-1961. 3. Imagens.
	4. Poder. 5. Personalidade. I. Título.
	
	                                                        CDD – 155.89

Appris editora

Editora e Livraria Appris Ltda.
Av. Manoel Ribas, 2265 – Mercês
Curitiba/PR – CEP: 80810-002
Tel. (41) 3156 - 4731
www.editoraappris.com.br

Printed in Brazil
Impresso no Brasil

Lucimara de Morais

PODEROSOS ARQUÉTIPOS
DESVENDANDO OS SEGREDOS DO SUCESSO

FICHA TÉCNICA

EDITORIAL Augusto Coelho
Sara C. de Andrade Coelho

COMITÊ EDITORIAL Marli Caetano
Andréa Barbosa Gouveia (UFPR)
Jacques de Lima Ferreira (UP)
Marilda Aparecida Behrens (PUCPR)
Ana El Achkar (UNIVERSO/RJ)
Conrado Moreira Mendes (PUC-MG)
Eliete Correia dos Santos (UEPB)
Fabiano Santos (UERJ/IESP)
Francinete Fernandes de Sousa (UEPB)
Francisco Carlos Duarte (PUCPR)
Francisco de Assis (Fiam-Faam, SP, Brasil)
Juliana Reichert Assunção Tonelli (UEL)
Maria Aparecida Barbosa (USP)
Maria Helena Zamora (PUC-Rio)
Maria Margarida de Andrade (Umack)
Roque Ismael da Costa Güllich (UFFS)
Toni Reis (UFPR)
Valdomiro de Oliveira (UFPR)
Valério Brusamolin (IFPR)

SUPERVISOR DA PRODUÇÃO Renata Cristina Lopes Miccelli

PRODUÇÃO EDITORIAL William Rodrigues

REVISÃO Carla Novais

DIAGRAMAÇÃO Renata Cristina Lopes Miccelli

CAPA João Vitor Oliveira

Não tem como escrever um livro dessa amplitude sem contar o motivo que tornou este livro possível. OS MILHARES DE ALUNOS E ALUNAS.

Foi por cada um deles, foi por cada uma delas, que decidi escrever este material e, hoje, dedico aos meus alunos e alunas espalhados por todo o mundo.

Se não fosse a curiosidade deles em descobrir mais sobre esse tema, eu certamente não teria feito este livro. Se não fosse a vontade e a sede de conhecimento, eu nunca iria ensinar sobre esse assunto que vem mudando a vida de muitas pessoas.

Meu muito obrigada a cada um de vocês, alunos e alunas, por me inspirarem a ensinar, escrever e compartilhar com todos um pouco do meu conhecimento.

Sem vocês, eu não seria a treinadora que sou.

Obrigada à minha equipe maravilhosa, que ouviu os pedidos de cada aluno, pedidos esses para que eu ensinasse sobre arquétipos; eu tenho o privilégio de ter pessoas na minha equipe que são os melhores do mundo. Obrigada por toda a dedicação e zelo de sempre.

Agradeço ao meu marido, minha família, seguidores, fãs e a você que embarcou nessa viagem tendo este livro em mãos.

Aproveite!

APRESENTAÇÃO

Inicialmente, gostaria de dizer o seguinte: considere-se uma pessoa selecionada, não apenas do Brasil, mas do mundo. Sabe por quê? Porque, ao estar aqui, você está em busca da verdade, do conhecimento, da melhoria e de algo maior, melhor e mais produtivo que traga resultados em sua vida.

A maioria das pessoas nem sequer tem noção da existência dos arquétipos no mundo. São essas pessoas que não se preocupam em buscar respostas ou informações e, consequentemente, continuam estagnadas em suas vidas, sem progredir.

Com base nos estudos de Carl Jung, um dos pioneiros da psicologia e psicanálise, afirmo que, quando não temos conhecimento do que comanda nossa mente inconsciente, continuamos vivendo a mesma vida, sem avançar, e chamamos isso de destino.

Muitas pessoas acreditam cegamente no destino, acham que tudo já está traçado e não sabem como mudar. A razão para isso é que elas não têm a menor ideia do tesouro que será revelado neste livro. Por isso, considere-se privilegiado(a) por ter a oportunidade de aprender algo que o(a) tirará do papel de sofredor(a), do destino predeterminado, e o(a) transformará em alguém que decide, muda, comanda e possui o poder de alterar completamente o curso de sua vida. Esse conhecimento é algo simples, mas grandioso e transformador, e é exatamente isso que vamos aprender aqui.

O livro está dividido em etapas ou capítulos, sendo que cada capítulo é de extrema importância. Portanto, não pule nenhum, pois assim terá um aprendizado eficaz e com uma base mais sólida. Por isso, posso trazer informações embasadas em outras bibliografias, como a psicologia, egiptologia, metafísica, fraternidades antigas, por exemplo, e oferecer uma base significativa.

Neste material, iremos, do início ao fim, explicar os conceitos, o que significa, o que não significa, como fazer e como não fazer. Passo a passo, abordaremos todas as formas de colocar em prática e entender qual arquétipo você está utilizando, identificando o que funciona e o que não funciona para alcançar seus objetivos. Esse conteúdo é abrangente e tenho certeza de que trará resultados grandiosos e transformadores para você e sua realidade.

Vamos prosseguir, está preparada(o)?

SUMÁRIO

CAPÍTULO 1
A PALAVRA "ARQUÉTIPO"........13

CAPÍTULO 2
O QUE É UM ARQUÉTIPO........17

CAPÍTULO 3
DESMISTIFICANDO ARQUÉTIPOS........26

CAPÍTULO 4
ARQUÉTIPOS SÃO ARMAS PODEROSAS........29

CAPÍTULO 5
ARQUÉTIPOS NAS GRANDES EMPRESAS........34

CAPÍTULO 6
A INFLUÊNCIA DOS ARQUÉTIPOS........37

CAPÍTULO 7
COMO ATIVAR O ARQUÉTIPO........42

CAPÍTULO 8
CONHECENDO OS ARQUÉTIPOS FRACOS........46

CAPÍTULO 9
CONHECENDO OS ARQUÉTIPOS FORTES........50

CAPÍTULO 10
INFORMAÇÃO ARQUETÍPICA........64

CAPÍTULO 11
ESCOLHENDO O ARQUÉTIPO........67

CAPÍTULO 12
DESATIVANDO ARQUÉTIPOS NEGATIVOS 72

CAPÍTULO 13
CATARSE E USO DE ARQUÉTIPOS 76

CAPÍTULO 14
EFEITOS COLATERAIS 79

CAPÍTULO 15
CONTATO VISUAL COM ARQUÉTIPO 82

CAPÍTULO 16
ARQUÉTIPOS SÃO INDIVIDUAIS 85

CAPÍTULO 17
SERVE PARA QUÊ? 88

CAPÍTULO 18
ARQUÉTIPOS E OS AMBIENTES 91

CAPÍTULO 19
OS NÍVEIS DE CONEXÃO 94

CAPÍTULO 20
PERSONALIDADES ARQUETÍPICAS 98

CAPÍTULO 21
ARQUÉTIPO DE MARCA E DE PERSONALIDADE:
CONCEITO 101

CAPÍTULO 22
ARQUÉTIPO DE MARCA E DE PERSONALIDADE:
PARTE 1 104

CAPÍTULO 23
ARQUÉTIPO DE MARCA E DE PERSONALIDADE:
PARTE II 108

CAPÍTULO 24
ARQUÉTIPO DE MARCA E DE PERSONALIDADE:
PARTE III...111

CAPÍTULO 25
ARQUÉTIPO DE MARCA E DE PERSONALIDADE:
PARTE IV..113

CAPÍTULO 26
ARQUÉTIPO DE MARCA E DE PERSONALIDADE:
PARTE V...115

CAPÍTULO 27
ARQUÉTIPO DE MARCA E DE PERSONALIDADE:
PARTE VI...117

CAPÍTULO 28
ARQUÉTIPO DE MARCA E DE PERSONALIDADE:
PARTE VII..119

CAPÍTULO 29
ARQUÉTIPO DE MARCA E DE PERSONALIDADE:
PARTE VIII..121

CAPÍTULO 30
ARQUÉTIPO DE MARCA E DE PERSONALIDADE:
PARTE IX...123

CAPÍTULO 31
ARQUÉTIPO DE MARCA E DE PERSONALIDADE:
PARTE X...125

CAPÍTULO 32
RECAPITULANDO..127

CAPÍTULO 33
COMO SUBSTITUIR, TROCAR E VIVENCIAR
UM ARQUÉTIPO DE PERSONALIDADE DIFERENTE............130

CAPÍTULO 34
CORES ARQUETÍPICAS............134

CAPÍTULO 35
NÚMEROS ARQUETÍPICOS............137

CAPÍTULO 36
ARQUÉTIPOS E SÍMBOLOS: PARTE I............140

CAPÍTULO 37
ARQUÉTIPOS E SÍMBOLOS: PARTE II............144

CAPÍTULO 38
MANUAL DE USO DOS ARQUÉTIPOS
E SUAS COMBINAÇÕES............147

CAPÍTULO 39
OS ARQUÉTIPOS E AS PESQUISAS ACADÊMICAS............153

CAPÍTULO 40
EM QUANTO TEMPO O ARQUÉTIPO É ACIONADO?............156

CAPÍTULO 41
AS ABORDAGENS MODERNAS EM RELAÇÃO
AOS ARQUÉTIPOS, ALÉM DA PERSPECTIVA JUNGUIANA 165

CAPÍTULO 42
OS ARQUÉTIPOS PODEM MUDAR AO LONGO
DO TEMPO E EM DIFERENTES CONTEXTOS CULTURAIS? 168

CAPÍTULO 1

A PALAVRA "ARQUÉTIPO"

Fonte: https://quantumacademy.com.br/wp-content/uploads/2018/10/destaque_arquetipos.jpg

Partindo diretamente ao ponto, vamos compreender o significado dos arquétipos. A palavra "arquétipo" vem do grego "arqué", que significa princípio. Portanto, um arquétipo é a imagem do princípio, a matriz que representa o modelo ideal. Os filósofos gregos, como Platão, Aristóteles, utilizavam esse termo para demonstrar os significados e o simbolismo por trás de certos conceitos. Eles reconheciam que os arquétipos eram modelos ideais de características como riqueza, sabedoria e perfeição física.

Na psicologia, Carl Jung também explorou os arquétipos, associando-os aos instintos e comportamentos humanos. Ele afirmava que os arquétipos influenciam os pensamentos, comportamentos, decisões, escolhas e ações das pessoas, muitas vezes de forma inconsciente. Existem dois tipos principais de arquétipos: os de personalidade, que estão relacionados às reações e comportamentos individuais e coletivos, e os de imagens e símbolos, que influenciam as percepções e representações mentais.

É importante compreender que os arquétipos não são apenas nomes ou conceitos filosóficos, mas sim porções da vida humana, criadas com base em imagens, memórias, instintos e simbolismo. Essas representações são significativas e possuem interpretações individuais, dependendo das condições e do contexto de cada pessoa. Além disso, os arquétipos não têm uma origem específica conhecida, mas são partes essenciais da psique humana.

Os arquétipos de imagens e símbolos têm a capacidade de moldar a realidade e influenciar o ambiente ao nosso redor. Ao trocar as imagens e símbolos que utilizamos em nossas vidas, como em nossos dispositivos eletrônicos, em nossas casas ou locais de trabalho, podemos alterar a informação arquetípica que nossa mente recebe, o que, por sua vez, impacta nosso mundo externo.

É fundamental distinguir entre instintos e arquétipos. Os instintos são impulsos fisiológicos percebidos pelos sentidos (sobre os quais geralmente não temos controle algum), mas também podem se manifestar como fantasias e desejos. Já os arquétipos são as manifestações simbólicas desses instintos e possuem características tanto masculinas quanto femininas (os quais podemos controlar e escolher quais usar). Eles se manifestam na psique individual por meio de qualidades, comportamentos, sonhos, imagens, mitos e símbolos primitivos.

Vale ressaltar que os arquétipos não estão relacionados a energia, vibração, misticismo, espiritualidade ou física quântica. Eles são essencialmente informações contidas nas imagens e símbolos. Essas informações estão presentes desde os tempos antigos e perduram até os dias atuais. Símbolos utilizados por nobres, reis, aristocratas e povos antigos que ativavam as informações contidas nesses arquétipos. É importante entender que a informação arquetípica permanece constantemente disponível e pode ser utilizada para obter resultados favoráveis.

Neste livro, abordaremos tanto os arquétipos de comportamento, relacionados às formas como as pessoas agem e se comportam, quanto os arquétipos de imagens e símbolos, que possuem uma lista extensa e variada. Essa lista <u>não é definitiva</u>, pois existem muitos outros símbolos arquetípicos que podem ser explorados. É necessário compreender que a informação contida nos arquétipos está sempre presente e pode ser aproveitada para moldar e manifestar nossos objetivos e sonhos.

Agora, imagine uma pessoa mais temperamental que manifesta o arquétipo do governante, seja de forma consciente ou inconsciente. Esse é um exemplo de arquétipo comportamental. Ao mesmo tempo, uma barra de ouro possui a informação arquetípica de riqueza, prosperidade e abundância, transmitindo essa mensagem para nossa mente quando a visualizamos. Essa comunicação baseada em um código arquetípico é o que nos conecta com a informação contida na figura arquetípica que o objeto ou personalidade possui.

Durante a leitura deste livro, você conhecerá diversos arquétipos e entenderá quais deles estão presentes em sua vida. Você descobrirá como utilizá-los a seu favor, atraindo seus objetivos e mantendo-os por mais tempo. Lembre-se de que os arquétipos estão presentes desde os tempos mais remotos e são ferramentas poderosas para transformar a sua realidade.

Curiosidade: Às vezes, as pessoas acreditam que utilizar técnicas de lei da atração, fazer mantras, elevar a frequência vibracional ou pensar positivo vai mudar a vida em um passe de mágica. A verdade é que de nada adianta estudar, se dedicar e ser uma pessoa que busca se desenvolver mentalmente se em seu ambiente, em sua casa, no seu local de trabalho e até mesmo no seu dispositivo de celular existem imagens, figuras, fotos, quadros decorativos, estatuetas e bichinhos de pelúcia que desfavorecem a realização dos seus sonhos.

Certas pessoas passam a vida desanimadas e procrastinando muito, tomam remédio, buscam ouvir sons da natureza ou em determinadas frequências, mas elas ainda não sabem que o motivo pelo qual elas procrastinam e têm ansiedade ou quadros de depressão pode ser resolvido facilmente com o uso correto dos arquétipos. Com pequenas modificações em sua casa ou na decoração do seu quarto, essas pessoas podem se livrar da ansiedade, insônia, desânimo e procrastinação, sem precisar de remédios ou tratamentos caros.

CAPÍTULO 2

O QUE É UM ARQUÉTIPO

Fonte: https://www.istockphoto.com/br/vetor/m%C3%A3o-de-conex%-C3%A3o-humana-permanente-par-se-pose-universo-de-corpo-abstrato-
-mundo-dentro-gm942230792-257507821

Agora que você já sabe um pouco mais sobre o funcionamento e a importância dos arquétipos, é fundamental que você entenda o seguinte: um arquétipo é uma forma de informação que se conecta diretamente com a mente inconsciente, sem passar pelo processo da razão. Uma vez que o arquétipo entra em contato direto com o inconsciente, ele é capaz de se comunicar com neurotransmissores e aumentar a produção deles influenciando diretamente nosso cérebro.

Vamos explicar de uma maneira mais teórica. Imagine uma figura arquetípica, como a representação simbólica do ouro que mencionamos anteriormente. Quando você tem contato com essa figura arquetípica, ela não passa pela razão ou interpretação analítica antes de ser absorvida pelo inconsciente. Em vez disso, o arquétipo entra em contato imediato com o inconsciente, ativando os neurotransmissores e causando efeitos no cérebro.

Um exemplo poderoso disso são as mensagens subliminares utilizadas na indústria cinematográfica. Essas mensagens são sons ou imagens que são incorporados nos filmes de uma maneira que nossos olhos não conseguem identificar conscientemente. No entanto, os arquétipos presentes nessas mensagens são capazes de se comunicar diretamente com o inconsciente, transmitindo informações que são absorvidas sem que tenhamos consciência disso.

É importante ressaltar que os arquétipos não requerem crença ou conhecimento consciente para terem efeito. Eles agem independentemente de nossa consciência, pois a informação arquetípica é absorvida pelo inconsciente. Essa informação pode ter um impacto significativo em nossa mente e corpo, influenciando nosso estado emocional, físico e cognitivo.

Por exemplo, um arquétipo fraco, como o da galinha, quando entra em contato com nossa mente, pode transmitir uma informação negativa de fraqueza, apatia e cansaço. Isso ocorre porque a galinha, como um animal de abate, está associada a características que envolvem reprodução desenfreada e vulnerabilidade. Da mesma forma, outros arquétipos negativos, como vaca ou sapo, podem ter efeitos semelhantes.

Por outro lado, é possível substituir arquétipos negativos por arquétipos positivos e fortes. Quando temos contato com arquétipos positivos, como os que proporcionam ânimo, foco, autoestima elevada e confiança, nossos neurotransmissores levam essa informação para o cérebro, influenciando nosso estado mental e emocional de maneira poderosa.

Ao entender e utilizar os arquétipos de forma consciente, podemos transformar nossas vidas. Podemos substituir arquétipos negativos por positivos, fortalecendo nossa mentalidade e alcançando resultados desejados. Os arquétipos são ferramentas poderosas para controlar nossa própria mente e aproveitar o poder da lei da atração, potencializando nossos esforços e conquistas.

Durante a leitura, você aprenderá sobre os arquétipos negativos e como evitá-los, assim como a importância de substituí-los por arquétipos positivos e fortes. Desmistificaremos algumas informações incorretas sobre os arquétipos e você aprenderá a utilizar essa ferramenta de forma eficaz para obter os resultados desejados.

Podemos observar claramente esse sentido de arquétipo nos próprios gregos. Eles não percebiam só a realidade imediata de um objeto, e sim sua qualidade abstrata, percebiam o mundo em termos de formas universais essenciais ou arquétipos, dando ao seu cosmos ordem e sentido. Acreditavam que a qualidade essencial abstrata de um objeto, uma espada, por exemplo, era aplicável a todas as espadas, e que existiria uma espada arquetípica capaz de definir todas as espadas no universo (RANDAZZO, 1996). Para eles, essas ideias arquetípicas que dão ordem ao mundo existiam de forma independente da consciência humana, e os seres humanos, por meio de sua inteligência, poderiam compreendê-las.

O psicanalista Carl Gustav Jung (1964) utilizava a palavra para denominar imagens e comportamento indefinidos que não podem ser explicados pela experiência pessoal. Os arquétipos de Jung funcionam de certa forma como instintos que guiam e moldam nossos comportamentos, influenciando nossos pensamentos, sentimentos e ações. Jung (1964) diz:

> *É preciso que eu esclareça, aqui, a relação entre instinto e arquétipo. Chamamos instinto aos impulsos fisiológicos percebidos pelos sentidos. Mas, ao mesmo tempo, estes instintos podem também manifestar-se como fantasias e revelar, muitas vezes, a sua presença apenas através de imagens simbólicas.*
> *São a estas manifestações que chamo arquétipos (JUNG, 1964, p. 69).*

Ainda de acordo com Jung (1964), o arquétipo não possui origem conhecida,

> *[...] e eles se repetem em qualquer época e em qualquer lugar do mundo — mesmo onde não é possível explicar a sua transmissão por descendência direta ou por 'fecundações cruzadas' resultantes da migração (JUNG, 1964, p. 69).*

Ou seja, é como uma tendência instintiva, tão forte quanto o impulso das aves para construir seus ninhos ou o das formigas para se organizarem em colônias, ou ainda dos insetos, com suas complicadas funções simbióticas que são realizadas com perfeição mesmo sem ninguém ter-lhes ensinado nada, pois a maioria deles nem conhece os pais.

> *Então por que supor que seria o homem o único ser vivo privado de instintos específicos, ou que a sua psique desconheça qualquer vestígio da sua evolução? (JUNG, 1964, p. 75).*

Esses instintos ou arquétipos representam aspectos tanto masculinos quanto femininos, e suas qualidades se manifestam na psique individual em sonhos, delírios e êxtases, na forma de imagens mitológicas ou de símbolos primitivos.

> *Mediante a forma primitiva e analógica do pensamento peculiar aos sonhos, essas imagens arcaicas são restituídas à vida.*
> *Não se trata de ideias inatas, mas de caminhos virtuais herdados (JUNG, 1979, p. 13).*

Isso equivale a dizer que todas as pessoas são iguais em sua base psíquica, e um arquétipo funciona de forma a predispor os sentimentos, pensamentos e ações em direção a uma determinada experiência.

Mas é importante esclarecer que os arquétipos não são apenas simples nomes ou conceitos filosóficos que fazem parte de um sistema mecânico e podem ser aprendidos de cor. Os arquétipos são, na realidade, porções da própria vida, uma ponte de emoções criada integralmente através de imagens e lembranças primitivas da mente do indivíduo.

Por esse motivo, é impossível dar ao arquétipo uma interpretação universal; ele deve ser explicado de acordo com as condições de vida daquele indivíduo em específico, a quem ele se relaciona. Arquétipo é, ao mesmo tempo, imagem e emoção. E só se pode referir-se a ele quando existem esses dois aspectos apresentados simultaneamente.

Pois, quando a imagem está carregada de emoção, ela ganha numinosidade (energia psíquica) e se torna dinâmica, autônoma.

Podem, graças a esses poderes, fornecer interpretações significativas (no seu estilo simbólico) e interferir em determinadas situações com seus próprios impulsos e suas próprias formações de pensamento (JUNG, 1964, p. 79).

Para entender como funcionam os arquétipos, primeiramente é preciso compreender como funciona a mente humana. Segundo Jung (1978; 1979), ela é formada por duas partes: o inconsciente pessoal, que conteria lembranças pessoais e individuais e seria a consciência normal do ser humano, e uma segunda, que é o inconsciente impessoal ou inconsciente coletivo, totalmente universal e cujos conteúdos podem ser encontrados em toda parte.

O inconsciente impessoal é o mesmo para todas as pessoas. Essa segunda parte da mente foi denominada por Jung como Psique. O inconsciente pessoal contém materiais de natureza pessoal que se caracterizam, em parte, por aquisições derivadas da vida individual e por fatores psicológicos, lembranças perdidas, esquecidas, reprimidas e até dolorosas, que não ultrapassaram o limiar da consciência. Já o inconsciente coletivo possui *"não só componentes de ordem pessoal, mas também impessoal, coletiva, sob a forma de categorias herdadas, ou arquétipos"* (JUNG, 1979, p. 13). E esses componentes do inconsciente coletivo geralmente são revelados em sonhos, condições místicas, sessões de hipnose ou com o uso de drogas.

> *O inconsciente envia toda espécie de fantasias, seres estranhos, terrores e imagens ilusórias à mente — seja por meio de sonhos, em plena luz do dia ou nos estados de demência [...] (CAMPBELL, 2007, p. 19).*

Quem descobriu o componente inconsciente da mente humana (psique) foi Sigmund Freud. Sua descoberta foi mais tarde aprofundada por Jung, que passou a vida estudando o inconsciente. Baseado nas teorias de Freud sobre os resíduos arcaicos, Jung acreditava que nessa segunda parte inconsciente da mente existissem imagens e associações analógicas a ideias, mitos e ritos primitivos, ou seja, vestígios do passado da humanidade.

Ainda para ele, essa estrutura da psique conteria as imagens coletivas e pensamentos universais comuns ao gênero humano. Platão chamava essas imagens coletivas, ou matrizes psíquicas, de formas elementares. Jakob Burckhardiais as chamou de grandes imagens primordiais e Freud, como dito anteriormente, as denominou resíduos arcaicos. Jung as designou por arquétipos.

Essas imagens arquetípicas contidas no inconsciente são profundamente enraizadas na espécie humana e têm base na mitologia, representando assim uma tendência adquirida para perceber a realidade e sendo como uma capacidade hereditária da mente humana de ser; são formas, imagens e elementos psíquicos cuja existência não pode ser explicada pela experiência pessoal, e representam formas primitivas, congênitas e herdadas pela mente humana (JUNG, 1964).

Essa capacidade herdada explica o fenômeno de alguns temas, motivos, imagens e associações que conhecemos dos textos e lendas antigos se repetirem no mundo inteiro e em formas idênticas, funcionando de certa forma como instintos que influenciam e controlam comportamentos. E explicam também por que impressões, encadeadas na mente (psique) influenciam os gostos do ser humano na arte, na literatura, nas religiões e no cinema. Isso não significa que as imagens sejam herdadas; herdada é apenas a capacidade de ter tais imagens, o que é bem diferente.

Ou seja, esse inconsciente que contém imagens arquetípicas e pensamentos coletivos (universais), que são idênticos para todas as pessoas, não é desenvolvido individualmente, e sim herdado, e suas pistas podem ser seguidas até as origens da espécie humana.

> *Como os instintos, os esquemas de pensamentos coletivos da mente humana também são inatos e herdados. E agem, quando necessário, mais ou menos da mesma forma em todos nós (JUNG, 1964, p. 75).*

Do mesmo modo que o embrião durante sua evolução reproduz as etapas pré-históricas, a mente humana também se desenvolve por intermédio dessas mesmas etapas.

> *Estas formas de pensamentos são encontradas em todas as épocas e em todos os lugares e, exatamente como os instintos animais, variam muito de uma espécie para outra, apesar de servirem aos mesmos propósitos gerais.*

Em um passado distante, a mente original era toda a personalidade do homem. À medida que o homem foi desenvolvendo sua consciência, sua mente foi perdendo contato com as energias psíquicas primitivas. O desenvolvimento da consciência humana deu-se lenta e laboriosamente, e levou muito tempo até atingir o estado civilizado. Sua evolução ainda está muito longe da conclusão, pois ainda existem grandes áreas da mente humana ocultas.

E a psique, de modo algum, pode ser considerada como a consciência e o seu conteúdo. A mente consciente nunca conheceu aquela mente original, rejeitada no processo evolutivo. Mesmo assim, parece que o inconsciente armazenou as características primitivas que faziam parte da mente original.

E é a essas características que os sonhos quase sempre se referem, na forma de símbolos, ou seja, o inconsciente ressuscita tudo aquilo de que a mente se libertou ou ocultou durante o seu processo evolutivo: devaneios, ilusões, fantasias, formas primitivas de pensar, instintos básicos etc. (JUNG, 1964; 1978).

Assim, a principal tarefa dos sonhos é trazer de volta à mente uma espécie de reminiscência primitiva do nosso passado. Em um âmbito histórico, foi o estudo dos sonhos que possibilitou aos psicólogos a investigação do aspecto inconsciente de ocorrências psíquicas conscientes e, a partir dessas observações, admitirem a existência de uma psique inconsciente. Mesmo assim, muitos cientistas e filósofos ainda negam a existência desse inconsciente. E negá-lo é o mesmo que admitir que o homem tem um conhecimento total da psique, fato que não é verdadeiro.

"É uma suposição evidentemente tão falsa quanto a pretensão de que sabemos tudo a respeito do universo físico" (JUNG, 1964, p. 23-24).

Ainda segundo Jung, a psique faz parte da natureza e o seu enigma, assim como o da natureza, é sem limites. Dessa forma, não se pode definir de forma específica nem a psique nem a natureza, pode-se apenas constatar o que se acredita que elas sejam e descrever da melhor forma possível seu funcionamento.

Há, ainda, argumentos de muito peso e lógica, fora das pesquisas psicológicas e médicas, que afirmam a existência do inconsciente e, dessa forma, negar-lhe a existência torna-se praticamente impossível. Quem expressa esse tipo de afirmação está, na verdade, expressando um velho medo do desconhecido.

Existem motivos históricos para essa resistência à ideia da existência de uma parte desconhecida na mente humana, pois o desenvolvimento da consciência ainda é uma conquista muito recente da natureza humana, estando ainda em um estágio experimental. Por esse motivo, ainda é muito frágil e sujeita a perigos e ameaças específicos, podendo facilmente se danificar (JUNG, 1964).

De igual modo, afirma-se que o indivíduo não é apenas um ser único (singular), mas também um ser social, e a psique humana também não é algo totalmente individual e isolado, mas um fenômeno coletivo. Assim como certas funções sociais ou instintos se opõem aos interesses particulares dos indivíduos, a psique humana é dotada de algumas funções ou tendências que, graças à sua natureza coletiva, se opõem às necessidades individuais (JUNG, 1979).

Mark e Pearson comparam os arquétipos a um computador:

> *[...] que vem com um pacote de aplicativos. Você não consegue abrir e aprender todos eles de imediato. Assim como o software, os arquétipos permanecem adormecidos no inconsciente até serem abertos ou despertados (MARK; PEARSON, 2001, p. 45).*

E assim como esses programas ajudam as pessoas a fazerem *"coisas como escrever um livro, criar uma planilha analítica ou produzir transparências, os arquétipos nos ajudam a encontrar realização pessoal e desenvolver nosso potencial"* (MARK; PEARSON, 2001, p. 45). Essas imagens arquetípicas instintivas permanecem adormecidas como um vulcão, até que algo as desperte ou as traga à tona. Ou seja, há acontecimentos de que não tomamos consciência. Permanecem abaixo do limiar da consciência; aconteceram, mas foram absorvidos de forma subliminar, sem conhecimento consciente e, mais tarde, são despertados como uma espécie de segundo pensamento.

E esse pensamento pode aparecer, por exemplo, na forma de um sonho, em que se manifesta, geralmente, não como um pensamento racional, mas como uma imagem simbólica. *"A grande fascinação exercida por essas imagens arquetípicas está no fato de as pessoas não responderem a elas apenas em nível consciente, e sim também em um nível emocional, instintivo"* (JUNG, 1964; RANDAZZO, 1996).

CAPÍTULO 3

DESMISTIFICANDO ARQUÉTIPOS

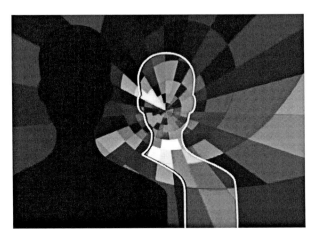

Fonte: https://pixy.org/4845997/

Vamos desmistificar arquétipos, algumas pessoas pensam que eles são algo mais místico, como uma espécie de magia. Elas associam arquétipos a altares com santos, velas e imagens místicas. No entanto, arquétipos não têm nada a ver com misticismo, religião, espiritualidade ou crenças culturais. Portanto, é importante esclarecer esses equívocos e não misturar as coisas.

Os arquétipos também não estão ligados à cultura. Por exemplo, a vaca é considerada um arquétipo fraco, pois está associada a características como ser um animal pesado, destinado ao abate e à alimentação. No entanto, em outras culturas, como a hindu, a vaca é reverenciada como uma divindade. Devemos entender que cultura e psicologia são coisas diferentes. Estamos focando a psicologia dos arquétipos, não as diferenças culturais.

Outro ponto a ser desmistificado é a ideia de que é necessário realizar um ritual para ativar um arquétipo. Na verdade, a ativação de um arquétipo é simples e não requer rituais complexos. Ao entrar em contato com um arquétipo, a informação simplesmente entra pela "porta aberta" da mente, quer queiramos ou não. Não é necessário repetir palavras ou fazer gestos específicos para ativá-los. Essas noções místicas são equivocadas.

Desmistificar também significa compreender que arquétipos não têm relação com espiritualidade, energia, vibração, egrégora, mitos, contos de fadas ou qualquer outra coisa desse tipo. É importante não confundir esses conceitos.

Nos próximos capítulos, exploraremos como os arquétipos influenciam nossa mente, consciente ou inconscientemente. Aprenderemos como desativá-los, ativá-los e fazer escolhas conscientes em relação a eles. Vamos identificar quais figuras, imagens e símbolos podem estar prejudicando você em sua casa ou local de trabalho.

Porta aberta da mente: termo associado a uma metáfora para explicar que o arquétipo não passa pela razão ou pelo crivo da mente crítica (ou córtex pré-frontal), ele simplesmente age e atua acionando certos neurotrans-

missores em maior ou menor quantidade, trazendo à tona reações a esses impulsos cerebrais. Porta aberta eu associo aqui a essa "autorização", a essa livre passagem que o arquétipo tem em atuar diretamente na mente humana, quer você tenha conhecimento disso ou não. O que significa dizer que mesmo alguém que não faz a menor ideia do que significam arquétipos é uma pessoa também sujeita aos efeitos do poder arquetípico de cada figura. Uma vez que a informação tem livre acesso e entra por essa "porta" livremente.

CAPÍTULO 4

ARQUÉTIPOS SÃO ARMAS PODEROSAS

Fonte: https://i.pinimg.com/564x/c8/fc/41/c8fc41e6a2247faeef4d-8d8c72e63bb5.jpg

Eu tenho certeza de que, nesta fase do livro, você já entendeu como os arquétipos se comunicam em nossa mente e por que eles têm um tamanho e impacto significativos. De certa forma, eles são armas poderosíssimas. Assim como uma faca, que pode ser usada para cortar carne e matar a fome, mas também pode ferir e causar a morte de outra pessoa. Os arquétipos funcionam da mesma maneira, podendo ser negativos e prejudiciais, assim como positivos e capazes de impulsionar sua vida para um grande salto.

No nível mental, os arquétipos se comunicam automaticamente com o subconsciente. Agora, você pode estar se perguntando: "E se o meu subconsciente estiver cheio de crenças e sujeiras que precisam ser limpas? Os arquétipos ainda terão impacto ou preciso realizar algum ritual para limpar minha mente?". Primeiro, quero que você entenda que o subconsciente, ou a mente inconsciente, é como um soldado. Eu sei disso porque tenho um em casa (meu filho foi soldado do exército). Ele obedece a ordens, ponto final. Assim como um soldado, o inconsciente só faz o que lhe é ordenado. Ele não raciocina, não sabe se uma crença é uma sujeira emocional ou qualquer outra coisa. Ele simplesmente executa as ordens que recebe. Por que estou falando isso? Porque o arquétipo é como o comandante. Quando a informação entra pela porta metafórica que mencionei anteriormente, o inconsciente recebe a mensagem, a informação, a ordem, e a executa. Ele não questiona, não pergunta, não raciocina, não importa o conteúdo. Portanto, retire da sua cabeça a ideia de que, se você tem bloqueios ou crenças limitantes, os arquétipos não funcionarão. Eles funcionam para qualquer pessoa, seja ela conhecedora do assunto ou não.

Você pode estar se perguntando se uma pessoa que não estuda sobre arquétipos pode obter os mesmos resultados. A informação arquetípica é a mesma, independentemente de a pessoa entender ou não. No entanto, quando você aprende e adquire conhecimento sobre os arquétipos, sabe como utilizá-los e como se beneficiar deles. É como ter um carro na garagem. O carro é o mesmo tanto para quem sabe dirigir quanto para quem não sabe. A diferença é que quem sabe dirigir pode usá-lo para ir do ponto **A** ao ponto **B**, enquanto quem não sabe precisa ir a pé. Os arquétipos são semelhantes, eles funcionam para qualquer pessoa, mas quando você sabe usá-los, escolher os adequados e aproveitar ao máximo, eles se tornam como soldados a seu favor, seguindo suas ordens em seu exército mental.

É extremamente importante que você tenha plena consciência disso. Por quê? Porque, ao aprender a utilizar os arquétipos, você aumenta sua capacidade de atrair coisas usando a lei da atração. Como isso funciona? Atraindo pessoas, dinheiro, oportunidades, relacionamentos, felicidade, alegria e as situações de que você precisa. Você terá dois times trabalhando a seu favor, sem competirem entre si. A lei da atração é o eletromagnetismo que atrai, magnetiza e traz para você aquilo que deseja e almeja. No entanto, ao mesmo tempo em que você atrai as circunstâncias desejadas, você também é atraído por elas.

Aqui entra o papel dos arquétipos como um "**fermento**" na lei da atração. Se você conscientemente sabe usá-los a seu favor, a atração já trabalha a seu favor, colocando você em condições favoráveis e direcionando você para onde deseja. Os arquétipos se tornam um combustível ultra-aditivado, proporcionando maior rapidez para alcançar seus objetivos. Portanto, é de extrema importância aprender sobre eles, e é exatamente isso que faremos neste livro.

Para ativar os arquétipos, principalmente para acelerar a lei da atração, eles podem ser representados por imagens, sons ou símbolos. Alguns tipos de música também podem conter informações arquetípicas. Por exemplo, música clássica pode trazer uma sensação de calma, concentração e sofisticação, enquanto músicas com batidas mais fortes, como trance, podem transmitir ansiedade e agitação. Os sons, como chuva caindo, sino tocando ou sons da natureza, também podem evocar emoções específicas. Além disso, as imagens e símbolos desempenham um papel importante, como logomarcas, adesivos, posters, estátuas, tatuagens e fotos. As possibilidades são infinitas.

Existe uma relação entre arquétipos e o inconsciente coletivo, que é um conceito central na teoria psicológica desenvolvida pelo psiquiatra suíço Carl Gustav Jung. Para entender essa relação, vamos primeiro definir cada conceito:

1. Arquétipos: na psicologia analítica de Jung, os arquétipos são imagens primordiais, símbolos ou padrões que fazem parte do inconsciente coletivo. Eles são herdados e estão presentes em todas as culturas, influenciando o modo como discutimos e compreendemos o mundo. Os arquétipos podem se manifestar em sonhos, mitos, contos de fadas, religiões e até mesmo em nossas experiências.

2. Inconsciente coletivo: o inconsciente coletivo, também proposto por Jung, é uma camada mais profunda do psiquismo humano que contém conteúdos gratuitos e compartilhados por toda a humanidade. Diferente do inconsciente pessoal, que é formado por experiências individuais de cada pessoa, o inconsciente coletivo é uma parte inata e comum a todos os seres humanos.

A relação entre esses dois conceitos é que os arquétipos são os elementos constituintes do inconsciente coletivo. Essas imagens e padrões estão presentes em todas as mentes humanas desde o nascimento, independentemente da cultura, contexto social ou experiências pessoais. O inconsciente coletivo é como um depósito de memórias ancestrais que influenciam nossos pensamentos, emoções e comportamentos de modos profundos e inconscientes.

Jung acreditava que os arquétipos moldam a forma como entendemos o mundo e interpretamos as situações, e que até mesmo influenciam a construção de nossas personalidades. Eles são as estruturas básicas da psique humana e têm um papel essencial na busca por significado, crescimento pessoal e autorrealização.

É importante ressaltar que a teoria dos arquétipos e do inconsciente coletivo é uma das perspectivas na psicologia e é objeto de debate e estudo contínuo. Nem todos os psicólogos concordam inteiramente com essa abordagem, mas ela continua sendo uma influência significativa no campo da psicologia analítica e nos estudos sobre a mente humana.

A partir de agora, dedique-se a tomar notas e revisar os capítulos anteriores. Observe as logomarcas das empresas e grandes indústrias para compreender a mensagem que elas transmitem e perceber a magnitude e potência de tudo isso.

CAPÍTULO 5

ARQUÉTIPOS NAS GRANDES EMPRESAS

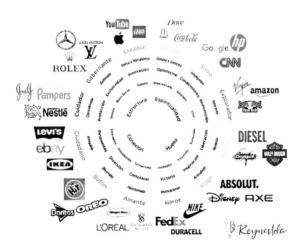

Fonte: https://jorgekotickaudy.files.wordpress.com/2021/05/cuadro-de-arquetipos-de-marcas-personales.png

Vamos falar agora sobre as diversas formas de se comunicar com os arquétipos, como as logomarcas. Quem nunca analisou ou viu uma análise das grandes marcas? Por exemplo, a Coca-Cola. Algumas pessoas afirmam que há mensagens subliminares na logomarca da Coca-Cola. E isso é óbvio. Grandes empresas e indústrias sabem como usar essas figuras de maneira poderosa. Se observarmos os grandes nomes das empresas, CEOs, gerentes e líderes em filmes, por exemplo, podemos notar que a decoração de seus escritórios ou locais de trabalho geralmente contém figuras arquetípicas fortes e impactantes, como a figura de um cavalo.

O cavalo pode ser representado por meio de uma estátua, um quadro ou até mesmo pela vestimenta que lembra um cavaleiro. Qualquer elemento que esteja relacionado à figura arquetípica do cavalo transmite a mensagem de liderança, poder, estabilidade e prosperidade. Portanto, a figura do cavalo é frequentemente utilizada por gerentes, executivos, políticos e pessoas que ocupam cargos de grande importância, como reitores de universidade e grandes empresários.

Se você assistir a um filme em que um personagem seja um CEO ou líder importante, provavelmente verá a presença de uma figura arquetípica do cavalo em seu escritório ou casa, seja em forma de um quadro ou estátua. Sempre é possível encontrar figuras arquetípicas poderosas próximas a pessoas poderosas.

Além de estátuas, como as que vemos nos filmes, essas figuras podem estar presentes em fotos. As pessoas podem usar fotos como papel de parede em seus celulares, computadores ou até mesmo na televisão. É claro que essas figuras estarão em locais com que a pessoa tenha mais contato. Adesivos também podem ser utilizados. Já vi pessoas colocando adesivos de cavalos em seus carros. A figura arquetípica transmitirá a mesma informação.

As tatuagens também têm esse mesmo poder. Meu filho tem algumas tatuagens que representam arquétipos. Antes de fazer essas tatuagens, ele sempre me consultava para saber o significado de cada figura, a fim de escolher aquelas que se comunicavam com o que ele desejava trabalhar em termos de arquétipo. Ele tem essa consciência por minha causa, é claro.

No entanto, às vezes as pessoas têm tatuagens em seus corpos sem terem a menor ideia de que aquela tatuagem simboliza um arquétipo e possui uma determinada informação que pode ser positiva ou negativa.

Portanto, independentemente da forma em que as figuras estão presentes — seja em logomarcas, banners, adesivos, posters, fotos, estátuas, quadros, tapetes, esculturas ou tatuagens —, todas elas transmitem informações arquetípicas.

Talvez você tenha um pano de prato, uma toalha de banho ou um tapete em sua casa que contenham essas figuras. Mesmo assim, seu inconsciente não faz distinção entre uma estátua e um símbolo, que pode ser mais forte do que uma tatuagem ou uma fotografia. Todas essas formas de representação transmitem as informações da mesma maneira, lembre-se disso. Através de uma porta aberta em sua mente, que permite a entrada dessas informações sem pedir licença ou permissão, simplesmente entram.

Portanto, entenda que não importa a forma como essas figuras são apresentadas — seja em vídeo, imagem, estátua ou qualquer outra maneira —, todas elas funcionarão. Imagens, sons, símbolos, logomarcas, adesivos, posters, fotos, estátuas, tatuagens, quadros, não importa a forma. Desde que haja contato visual ou auditivo com o arquétipo, ele já começa a agir em sua mente. Como esse contato acontece? Através dos nossos sentidos. Estamos vendo a figura ou imagem, ou estamos ouvindo o som.

Você pode até tocar, mas isso já é um sentido mais sutil. A principal conexão, a porta aberta que tanto mencionei, em nossa mente, é ativada principalmente pela visão e, em menor grau, pela audição. O contato visual é mais rápido, não porque seja mais ativo ou poderoso, mas porque é mais ágil e assertivo. Entendido até aqui?

CAPÍTULO 6

A INFLUÊNCIA DOS ARQUÉTIPOS

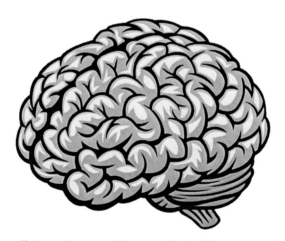

Fonte: https://pt.pngtree.com/freepng/brain-illustration-medical-mind-vector_9240287.html

Então, agora vamos encerrar esta parte para deixar bem claro o que você já entendeu sobre o conceito de arquétipos, como eles funcionam, e como desmistificamos várias coisas a respeito disso. Agora você já consegue compreender como eles se manifestam, sua origem e como avançaram na psicologia. Também entendeu em qual parte da mente ocorre a comunicação com os arquétipos e como essa comunicação se dá.

Porém, preciso fazer uma observação. Lembra que mencionei sobre os arquétipos de personalidade e comportamento, e os arquétipos de figuras, imagens e símbolos? Os arquétipos de figuras e símbolos são aqueles em que podemos exercer influência, ou seja, podemos trocar o arquétipo que estamos vendo por outro, caso queiramos modificar a influência negativa que ele tem em nossa vida. Por exemplo, se temos figuras de animais como vaca ou galinha em nossa cozinha, a influência desses arquétipos será negativa.

Agora, com o conhecimento que adquirimos, podemos trocar essas figuras por símbolos mais poderosos que ativem neurotransmissores benéficos em nossa mente, como endorfina e serotonina. Assim, podemos obter funções mais favoráveis em nossa vida e realidade.

Essa substituição pode ser feita ao trocar a decoração de nossa casa, empresa ou quarto. Podemos alterar os gêneros musicais que ouvimos, entre outras coisas. Dessa forma, as influências dos arquétipos se tornam diferentes, porque passamos a controlá-las. Ao saber como utilizá-los, escolhemos quais arquétipos empregar, e deixamos de ser controlados por eles. No entanto, é importante distinguir a influência consciente da inconsciente.

Os arquétipos de figuras, imagens e sons podem ser manipulados e trocados conscientemente, enquanto os de comportamento e personalidade demandam mais tempo para serem substituídos.

Nesse sentido, gostaria de compartilhar um exemplo envolvendo meu filho. Quando ele tinha cerca de 12 ou 13 anos e estava enfrentando problemas escolares, utilizei o arquétipo da coruja de forma inconsciente. Comprei uma pequena estátua de coruja e coloquei em seu quarto, próximo à TV. Sem saber o significado arquetípico, ele passou a ver a coruja todos os dias.

Com o tempo, ele começou a entregar seus trabalhos escolares e suas notas melhoraram. Expliquei a ele sobre o símbolo da coruja, e ele passou a se interessar por arquétipos, chegando a fazer tatuagens relacionadas a eles.

É importante destacar que não importa se é uma criança, adolescente, adulto ou idoso; o uso de arquétipos é eficaz em todas as idades. Eles podem ser aplicados a filhos, funcionários e até mesmo a clientes em um ambiente de trabalho, ajudando a melhorar resultados e influenciar positivamente.

No livro, fornecerei listas de arquétipos e explicarei como utilizá-los para diferentes objetivos, como estabilidade financeira, sucesso nos relacionamentos e autoconfiança. Você aprenderá como e onde aplicá-los, seja em sua mesa de trabalho, cabeceira da cama, cozinha, carro ou outros lugares.

Lembre-se de que a forma de apresentação dos arquétipos, seja por meio de fotos, imagens, posters, adesivos, vídeos, celulares, quadros ou outros, não influencia sua eficácia. O importante é que a informação esteja presente, e os arquétipos ativarão os resultados esperados. Espero que esse exemplo o tenha ajudado a compreender como os arquétipos funcionam e como utilizá-los para alcançar seus objetivos.

Mas, antes de entrar no assunto prático de como o arquétipo pode e deve ser conscientemente introduzido na sua realidade, eu preciso esclarecer alguns conceitos, como a diferença entre arquétipos de imagens, símbolos ou personalidade e os estereótipos.

Estereótipos e arquétipos são conceitos diferentes, embora ambos envolvam padrões e representações recorrentes. Vamos explorar as principais diferenças entre eles:

Estereótipos

1. Definição

Estereótipos são crenças, ideias ou imagens preconcebidas que atribuem características ou traços específicos a um grupo de pessoas com base em sua raça, etnia, gênero, religião, nacionalidade, entre outros fatores. São generalizações simplistas e muitas vezes negativas que podem ser aplicadas a todo um grupo, sem levar em conta as individualidades.

2. Origem

Os estereótipos podem ser resultado de preconceitos, detecção, orientação ou falta de conhecimento sobre determinado grupo. Eles podem ser transmitidos culturalmente e perpetuados a partir da mídia.

3. Uso negativo

Os estereótipos são frequentemente usados para perpetuar preconceitos e percepções, levando a visões distorcidas e injustas dos grupos estigmatizados. Eles podem contribuir para a marginalização e o tratamento injusto de pessoas com base em suas características percebidas.

Arquétipos

1. Definição

Arquétipos são padrões universais, símbolos ou imagens primordiais que fazem parte do inconsciente coletivo. Eles representam temas, características e experiências fundamentais que são

PODEROSOS ARQUÉTIPOS

compartilhados por toda a humanidade. Ao contrário dos estereótipos, os arquétipos têm um significado mais profundo e atemporal.

2. Origem

Os arquétipos são considerados inatos e inerentes à natureza humana. Eles surgem de nossa história evolutiva e estão presentes em todas as culturas, mitos e histórias ao redor do mundo.

3. Uso simbólico

Os arquétipos são usados simbolicamente na arte, literatura, mitologia e outras formas de expressão cultural para transmitir ideias profundas sobre a natureza humana, a jornada do herói, os desafios da vida e a busca por significado. Eles são ferramentas poderosas para a compreensão e comunicação de temas cognitivos.

Em resumo, os estereótipos são generalizações simplistas e muitas vezes negativas aplicadas a grupos específicos, enquanto os arquétipos são padrões e símbolos que representam temas e experiências compartilhadas por toda a humanidade. É importante estar ciente dos estereótipos para evitar o preconceito enquanto o estudo dos arquétipos pode nos ajudar a compreender melhor as complexidades e aspectos fundamentais da experiência humana.

Parte superior do formulário

Parte inferior do formulário

CAPÍTULO 7

COMO ATIVAR O ARQUÉTIPO

Fonte: https://community.thriveglobal.com/wp-content/uploads/2020/07/esteban-lopez-6yjAC0-OwkA-unsplash.jpg

Na primeira parte, que é essencial, talvez você esteja se perguntando: "Como ativo um arquétipo? Como escolho e controlo esta situação?". Então, neste capítulo, vou mostrar como ativar, escolher e identificar qual arquétipo você está usando. Também falarei sobre a catarse, mas deixarei isso para a última parte. Primeiro, quero passar as instruções sobre como usar e ativar os arquétipos.

No entanto, antes de ativar os arquétipos com os objetivos desejados, a primeira coisa, absolutamente a primeira coisa, é neutralizar, ou seja, desativar e abandonar os arquétipos fracos e errados. Deixe-me explicar o perigo de usar um arquétipo fraco ou errado que você pode ter em sua casa ou local de trabalho. O principal problema de um arquétipo ruim é que ele pode trazer apatia, desânimo, ansiedade, angústia, depressão, insônia, agitação, mal-estar, procrastinação, cansaço físico e mental, e baixa autoestima. São sensações que você tenta superar, como a procrastinação, mas não consegue.

Talvez não seja sua culpa, mas sim culpa do arquétipo errado que está presente em sua vida, muitas vezes de forma inconsciente, na maioria das vezes no ambiente com que você mais tem contato (casa, local de trabalho, quarto ou cozinha). Ele entra pela **porta aberta** e causa esses problemas que você não consegue resolver, como a procrastinação.

Portanto, se você é uma pessoa ansiosa, e já tentou tratamentos e medicamentos que não funcionaram, pode ser o arquétipo errado. Se não consegue dormir à noite ou se sente agitado, pode ser o arquétipo errado. Às vezes, não é apenas a forma como você é, mas sim o fato de que o arquétipo errado está constantemente em contato visual com você, e você nem percebe.

Então, a primeira coisa que você precisa fazer é: analisar quais arquétipos estão presentes em sua casa, local de trabalho, carro etc. A partir do momento em que você inicia a leitura deste livro e começa a aprender sobre eles, você fica mais preparado(a) para lidar com os problemas que os arquétipos ruins podem causar, e para ativar e usar os arquétipos positivos. Mas o primeiro passo neste capítulo é analisar os arquétipos ruins que você tem em casa.

Por exemplo, olhe em sua cozinha. Há imagens de vacas, galinhas ou outros animais de abate? Ou talvez alguma decoração relacionada? Pano de prato, lixeira, jogo de copos etc. Não importa o que seja exatamente, mas se tiver alguma imagem negativa relacionada a animais de abate, remova imediatamente. Se há uma caveira como decoração, mesmo que na cultura mexicana tenha um significado diferente, para a psicologia junguiana e freudiana é negativo. Certifique-se de remover decorações relacionadas à guerra também.

Essas são apenas algumas orientações, eu ainda vou fornecer uma lista mais abrangente dos arquétipos negativos e positivos posteriormente. A ideia é que você substitua os arquétipos negativos por arquétipos positivos.

Além disso, não se trata apenas do que vemos. Lembra-se dos arquétipos sonoros? Expressões como "a vaca foi pro brejo", "eu vi um gato" ou "cada macaco no seu galho" têm significados arquetípicos que transmitem informações negativas ou positivas. Até mesmo objetos como bananas, ratos ou elefantes podem ter associações negativas. Portanto, é importante removê-los de sua visão e de sua casa.

Você deve fazer uma análise em seu quarto, verificando as figuras, os quadros, as fotos e as decorações presentes. Remova qualquer coisa que traga melancolia, tristeza ou lembranças dolorosas. Substitua-as por coisas que tragam alegria e felicidade.

Também preste atenção aos bibelôs e imagens de anjos, ursinhos de pelúcia e brinquedos das crianças, pois embora não sejam arquétipos negativos, eles são neutros e não trazem poder. Substitua-os por arquétipos mais poderosos.

No carro, remova adesivos ou objetos relacionados a animais de abate ou qualquer coisa que transmita negatividade. É recomendado não colocar arquétipos no carro, pois não é necessário.

O melhor lugar para utilizar os arquétipos é em sua casa e no local de trabalho, onde você passa a maior parte do tempo. Também pode usar na sua tela do computador ou em seu celular e tablet.

Essas são apenas algumas orientações para começar a remover os arquétipos negativos de sua vida. Em breve, compartilharei com você uma lista detalhada dos arquétipos negativos e positivos para que você possa identificá-los e substituí-los adequadamente.

Ao se livrar dos arquétipos negativos e utilizar os arquétipos positivos, você poderá experimentar resultados positivos em sua vida, como segurança, autoestima, amor-próprio, foco e melhoria em todas as áreas.

CAPÍTULO 8

CONHECENDO OS ARQUÉTIPOS FRACOS

Fonte: https://s3-us-west-2.amazonaws.com/anchor-generate-d-image-bank/production/podcast_uploaded_episode/60338/60338-1548841057129-64239f38d5f57.jpg

Agora, veremos vários tipos de arquétipos fracos a fim de você entender melhor o uso correto de cada figura.

Assim você poderá identificar os arquétipos negativos presentes em sua casa. Esta lista é apenas uma pequena amostra, onde cataloguei alguns símbolos e animais encontrados em quadros, pinturas, decorações e artefatos.

Recomendo que você se afaste o máximo possível desses arquétipos, pois são negativos. Vamos começar falando sobre o **elefante**, que muitas pessoas acham ser uma ótima imagem e um excelente símbolo.

Por que o elefante é um arquétipo negativo que você deve evitar? Porque ele é associado a peso, falta de agilidade e a ser usado como carga. Embora ele não seja realmente usado como carga, esse simbolismo está presente. O elefante geralmente evoca sentimentos de depressão nas pessoas.

Portanto, verifique se há alguma figura ou decoração de elefante em sua casa, ambiente de trabalho ou nas casas de outras pessoas que você frequenta, que possa causar depressão. Se você já teve ou tem depressão, é importante tomar cuidado com esse arquétipo.

O próximo arquétipo negativo é a **formiga**. A formiga trabalha muito, é uma presa fácil e não tem individualidade. Embora vivam em colônias e tenham um propósito direcionado, elas não têm individualidade própria. Se você deseja ser dono de sua própria vida e ter autonomia, tome cuidado para não se identificar com esse arquétipo.

Outro arquétipo negativo é a **galinha**. Isso inclui qualquer tipo de galinha, inclusive a Galinha Pintadinha. As crianças também são expostas a esse arquétipo negativo.

Se você não quer que seus filhos assistam a esses desenhos, substitua por outros programas. Conforme eles crescerem, explique que a galinha não é um símbolo positivo. A galinha é uma presa fácil, um animal de abate e se reproduz incessantemente. Portanto, tenha cuidado com a presença desse arquétipo em sua vida.

Se tiver a galinha no pano de prato da cozinha, na decoração da casa ou em qualquer outro lugar em seu ambiente, tire-o imediatamente.

Geralmente nossas mães, tias e avós guardam as galinhas decorativas para colocar os ovos, possuem imagens em artigos e utensílios da cozinha, instrua as pessoas à sua volta para que não utilizem esse arquétipo de forma alguma e, caso tenha na cozinha, tire do seu campo de visão.

O **macaco** é outro arquétipo negativo. Apesar de ser uma figura presente em logomarcas de empresas de alimentação e grandes empresas, ele não é um arquétipo bom. O macaco é fraco porque apenas imita, não toma decisões próprias. Além disso, ele é muito agitado e propenso a roubar. Evite ter figuras de macacos em sua visão, inclusive para crianças.

O arquétipo negativo do **papagaio** e suas variações também deve ser evitado. O papagaio imita, fala muito e é uma presa fácil. Embora em algumas culturas ele possa ter um significado diferente, dentro do contexto psicológico é um arquétipo negativo. Portanto, evite tê-lo em sua casa ou no ponto de visão de seu filho, caso queira evitar agitação e imitação excessiva.

Outro arquétipo fraco é o **pato**. O pato é frequentemente associado à fraqueza, fala muito e é facilmente enganado. Evite qualquer representação desse arquétipo.

O **pinguim** é considerado um arquétipo fraco devido à sua extrema lentidão, vulnerabilidade e hábito limitado. Caso você tenha alguma figura de pinguim na geladeira da sua casa, tire.

Ratos também são arquétipos associados à inquietação, doença, maldade, demônio, ladrão, e são considerados um dos piores símbolos possíveis. E talvez você esteja pensando no Mickey, veja: existe muita publicidade e mensagens subliminares relacionadas à Disney, portanto, não se iludam com o desenho, mas evitem o contato com esse arquétipo fraco.

Ter arquétipos como terremotos, maremotos, assassinatos, conflitos, guerras, crimes e sensacionalismo também deve ser evitado, pois estão relacionados à morte e destruição.

A árvore retorcida, sem folhas e casca, é um arquétipo de solidão e falta de vitalidade. É um símbolo que não produz nem nutre. Também é importante evitar arquétipos relacionados à falta de personalidade, como a **banana**, ou à excessiva fertilidade, como o **coelho**.

Esses são os principais arquétipos negativos de que você deve se livrar caso estejam presentes em sua casa. Eles têm um impacto negativo nos níveis de serotonina e dopamina, levando a pensamentos obsessivos, negatividade e passividade.

Muitas pessoas experimentam cansaço, procrastinação e angústia devido a esses arquétipos. Isso pode interferir em sua produtividade e na realização de seus objetivos. Em breve, falaremos sobre os arquétipos positivos e como ativá-los para substituir os negativos.

Posteriormente, explicarei também o contexto relacionado à Disney e discutiremos sobre as catarses que podem ocorrer ou não nas pessoas.

CAPÍTULO 9

CONHECENDO OS ARQUÉTIPOS FORTES

Fonte: https://w.forfun.com/fetch/ff/ffe7204a5b5e8444181cbd-71dc4d9633.jpeg

Agora vamos aos arquétipos positivos e fortes. Tenho uma lista extensa deles, então recomendo que leia todo o capítulo e faça as suas anotações para que você possa consultar posteriormente. Cada arquétipo tem seu propósito e benefícios específicos, por isso é importante entender o que cada um representa para decidir qual utilizar.

Começando com o arquétipo do **alce**, ele traz grande prosperidade, firmeza, decisão e fertilidade. Se você busca esses aspectos, pode optar por esse arquétipo.

A âncora é um arquétipo calmante, de apoio, constância e esperança. É ideal para momentos de dificuldade e necessidade de estabilidade.

O **arco** representa poder, força, flexibilidade, intenção e dinamismo.

Pode ser utilizado quando você precisa de mais energia e ação em sua vida.

O **arco-íris** simboliza a união dos opostos e pode ser utilizado para elevar a consciência, trazer esperança e ativar a lei da atração. É um arquétipo que também pode ser utilizado em tratamentos estéticos.

O arquétipo da árvore é um símbolo de proteção, abundância, crescimento, união e relacionamentos. É recomendado para equipes de trabalho que desejam melhorar a produtividade e o relacionamento entre os membros.

O **automóvel**, em geral, representa sexualidade e poder. A emoção associada a ele depende da aparência do carro, mas é um arquétipo poderoso nesses aspectos.

O **aquário** é um arquétipo que induz à calma, relaxamento e ondas cerebrais alfa. Pode ser utilizado para momentos de tranquilidade e redução da ansiedade.

O **bambu** é um símbolo de sorte, prosperidade, dinheiro e sucesso. É muito utilizado em busca de ganhos financeiros, crescimento e oportunidades.

A **balança** representa equilíbrio, justiça e tomada de decisões. É recomendada para situações em que você precisa encontrar um equilíbrio e tomar decisões importantes.

A **baleia** traz paz, tranquilidade, harmonia, relaxamento, amor e melhora nos relacionamentos. É uma boa escolha para o quarto de casais em busca de paz e harmonia.

Para aqueles que desejam ter filhos, o arquétipo correspondente é o **bolo**. Ele representa nascimento, sexualidade e recompensa.

A **borboleta** é o arquétipo da transformação, mudança, renascimento, leveza e libertação. É recomendada para quem deseja iniciar uma nova fase e transformar sua vida.

A **bússola** é utilizada quando se está em dúvida ou perdido em relação a decisões. Ela traz a ideia de direcionamento e orientação.

A **caixa** simboliza proteção, segredo, opulência, relacionamentos e compartilhamento de crenças. É um arquétipo utilizado quando se busca proteção ou comunhão.

A **maternidade** representa força, velocidade e compatibilidade. É um arquétipo indicado para mulheres que desejam fortalecer sua energia feminina.

O **cão** é o arquétipo da amizade, proteção e redução da ansiedade. Pode ser utilizado por pessoas ansiosas em busca de tranquilidade.

O **capacete** representa poder, autoridade, pensamento, ideias e valor. É recomendado para momentos em que você precisa se sentir mais seguro e confiante.

O **carvalho** simboliza força, virilidade, perseverança, relacionamentos e vitória. É uma boa escolha para ambientes de trabalho em busca de prosperidade e união.

O **cavalo** traz elevada autoconfiança e pode ser utilizado para fortalecer a confiança pessoal. É um símbolo de velocidade, independência e é associado a gerentes e diretores.

A **chama** ou o **fogo** são arquétipos de regeneração, purificação, renascimento, sexualidade, expansão da consciência, divindade, e representam um dos quatro elementos primordiais.

O **chapéu** simboliza poder, autoridade, pensamento, ideias e valor.

O arquétipo do **chifre**, não relacionado à traição, representa força, poder, virilidade e masculinidade.

O **círculo** simboliza unidade, absoluto, sexualidade, divindade, perfeição, iluminação, infinito, proteção e alma.

A **colmeia** é um arquétipo expressivo que representa trabalho, organização e produção. Pode ser utilizado em ambientes de trabalho em que se busca mais produtividade e expressividade.

O **colibri** é um arquétipo para riqueza, prosperidade e possibilidades.

É recomendado para aqueles que desejam ampliar suas oportunidades na vida.

As **conchas** são arquétipos de feminilidade, sexualidade feminina e geração. Representam fertilidade, nascimento e são símbolos de feminilidade.

A **cornucópia** é o arquétipo da prosperidade, abastança e abundância. É muito utilizado para atrair riqueza e fartura.

A **coroa** representa poder, autoridade moral, honestidade, honra, vitória e respeitabilidade. É recomendada quando se busca autoridade e respeito.

O **corvo** é um símbolo de inteligência e também é considerado um arquétipo predador.

O **cristal** simboliza pureza, transparência, clareza, conhecimento e união.

O **crocodilo** representa poder, paciência, determinação e assimilação.

O **cubo** é um arquétipo de solidez, estabilidade, firmeza e segurança. Representa a completude.

A **cuia** é um símbolo fálico que remete ao ato de receber e à permanência.

O **dado** é um arquétipo da sorte, da imprevisibilidade, da fortuna e do destino.

A **escada** simboliza a ascensão espiritual e também a descida ao inconsciente.

O **escudo** é um arquétipo de defesa, amparo, auxílio e proteção.

A **esfera** representa o universo, a totalidade, a terra, a excelência e a perfeição.

A **espada** é um arquétipo de força, coragem, poder fálico, decisão, separação, autoestima e autoconfiança.

O **espelho** é um arquétipo do conhecimento, autoconhecimento, consciência, imaginação, criatividade e magia.

A **estrela** simboliza a sorte, aspiração, destino, divindade e humanidade.

A **faca** é o arquétipo do poder masculino, decisão, defesa e afastamento.

A **fada** representa a segurança e é especialmente adequada para crianças.

A **ferradura** está ligada ao cavalo e simboliza boa sorte e autoconfiança.

O **ferro** representa durabilidade, força, robustez, inalterabilidade, implacabilidade e inflexibilidade.

A **flecha** é um arquétipo de vitalidade, força, decisão, intenção e dinamismo.

As **flores**, de forma geral, representam sucesso, harmonia, calma, prosperidade, paz e relaxamento.

A **floresta** simboliza a mente consciente e inconsciente, a vida da pessoa como um todo e a sociabilidade.

A **água** representa o inconsciente, a geração da vida, o retorno, a abundância, o crescimento, o início e a vida.

As **frutas**, de modo geral, representam maturidade, realização, desenvolvimento, abundância, prosperidade e sucesso.

O **garfo** é um arquétipo relacionado à alimentação, devoração e poder.

Os **gatos** são arquétipos de independência, intuição e autoestima. A **geladeira** também é um arquétipo de segurança e reserva de alimentos.

O **golfinho** é um arquétipo sociável, corajoso, inteligente, ágil e que traz alegria de viver.

Os **grãos**, em geral, representam abundância, vida, renascimento, reconhecimento e prosperidade. O **grão** em si representa a semente, a própria vida.

O **herói** proporciona segurança, conforto, controle, potência, verdade e governança.

A **íris** é o arquétipo do espelho, da janela, da possibilidade, da abertura, da potência e da verdade.

O **jardim** é um lugar ideal, simbolizando a imaginação, a feminilidade, o descanso, o relaxamento, a esperança, a criatividade e a realização.

As **joias**, de forma geral, representam poder, riqueza, conhecimento, tesouro, realeza e nobreza.

O **lago** simboliza o inconsciente, a magia, a feminilidade, a abertura e a profundidade.

O **leopardo** é ação, determinação, rapidez, força e altivez.

O **Leste** é o arquétipo do local onde o sol nasce, representando renascimento e novas oportunidades ao despertar.

O **limão** simboliza vida, pureza e proteção.

A **flor de lírio** representa prosperidade, luz, poder fálico e beleza.

O **livro** é um arquétipo que remete à totalidade, ao conhecimento, às regras, à abertura e à autoestima.

A **lontra** significa guia, esperteza, rapidez, vida, feminilidade, felicidade, distração, prazer.

A **flor de lótus** é um arquétipo de espiritualidade, pureza, vida, renascimento, criação, harmonia, desenvolvimento, tranquilidade e ascensão.

A **lua** simboliza a feminilidade, a fertilidade, a sexualidade, a transição, a mudança, o poder, a fecundidade e a suavidade.

A **luva** representa nobreza, realeza, direito, pureza, defesa e poder.

A **maçã**, além de atrair vendas e novos clientes, simboliza sabor, escolha, conhecimento e afeto.

A **maçã dourada** é ainda mais poderosa para o sucesso nos negócios.

O **machado** é um arquétipo de força, poder, decisão, justiça, abertura e separação.

A **mãe** representa amor, filho, gratidão e recompensa.

O **martelo** é um arquétipo de poder, força, decisão e razão.

O **milho** representa prosperidade, riqueza, crescimento e abundância.

As **montanhas, vales e nuvens** promovem relacionamento entre as pessoas, firmeza, durabilidade, ascensão espiritual, realização e revelação, sendo ideais para comércios e restaurantes.

O **navio** é o arquétipo da criatividade, aventura, alegria, coragem, proteção e adaptação.

A **nuvem** simboliza relaxamento, fecundidade, transformação e feminilidade.

O **obelisco** é um arquétipo de poder, fálico, culto, direção e conexão.

O **olho** é um arquétipo do espírito, da visão, da atividade, do futuro, da percepção, da vigilância, da sabedoria, da magia e da proteção.

A **orelha** representa a comunicação, a lembrança, a memória, a percepção, a inspiração, a sabedoria e a escolha.

A **orquídea** simboliza sorte, riqueza, luxo, brilho e proteção.

O **ouro** é o arquétipo da inteligência, luz, prosperidade, riqueza, perfeição e conhecimento.

O **ovo** é um arquétipo de fecundidade, sexualidade, vida, procriação, totalidade, início, abundância, possibilidade e perfeição.

As **palavras** têm um significado arquetípico dependendo do contexto e podem provocar uma resposta fisiológica.

A **palmeira** representa vitória, eternidade, flexibilidade, vida, alegria e paz.

O **panda** é um arquétipo para soltar, superar a ansiedade e o medo.

A **pantera** é um arquétipo de ação, voluptuosidade, sensualidade e autoestima.

O **pássaro**, de forma geral, representa a personalidade da pessoa.

O **pé** é um arquétipo de vontade, avanço, vitória e movimento.

A **pedra** é um arquétipo de estabilidade, resistência, dureza, solidez, firmeza e permanência.

A **pena** é um arquétipo de leveza, proteção e capacidade de voar.

O **peixe** é um arquétipo de sucesso, abundância, prosperidade, renascimento e movimento.

A **porta** é um arquétipo de passagem, abertura, oportunidade e mudança.

A **rainha** representa a força, coragem e liderança.

A **raposa** é um arquétipo de astúcia, inteligência, esperteza e adaptabilidade.

O **raio** simboliza iluminação, transformação, poder, energia e clareza.

A **rosa** representa amor, paixão, beleza, romantismo e delicadeza.

A **serpente** é um arquétipo de sabedoria, renascimento, cura, transformação, poder, sexualidade e tentação.

O **sol** é um arquétipo de energia, poder, vitalidade, iluminação, vida e crescimento.

A **sombra** é um arquétipo do inconsciente, do desconhecido, do medo, do mistério e do oculto.

A árvore é um arquétipo de vida, crescimento, estabilidade, conexão, sabedoria e proteção.

A **espuma** representa suavidade, tranquilidade e harmonia.

A **estação de trem** simboliza a transição, o movimento, a conexão e a jornada.

O **triângulo** é um arquétipo de estabilidade, equilíbrio, trindade, harmonia e transformação.

A **tartaruga** é um arquétipo de longevidade, paciência, sabedoria e proteção.

A água-viva representa fluidez, sensibilidade, intuição, adaptação e liberação.

O **vento** é um arquétipo de movimento, liberdade, renovação, mudança e transformação.

A **estrela-do-mar** simboliza proteção, renascimento, intuição e conexão com o divino.

Esses são apenas alguns exemplos de arquétipos positivos. Cada um tem seu significado e benefícios específicos. Recomendo que você escolha aqueles que mais se alinham com seus objetivos e necessidades pessoais.

Pode haver dúvida sobre qual utilizar, visto que esse é para prosperidade, aquele outro também é para prosperidade, aquele outro é para dinheiro, aquele outro é para riqueza. E agora, qual deles eu uso? Posso usar todos eles juntos?

Eu não indico que você use todos juntos. Indico que você faça o teste. Arquétipo por arquétipo com que você tenha interesse de entrar. De maneira separada. Não vá entrar com dois, três arquétipos ao mesmo tempo. Use um por vez. E vá vendo qual deles te traz melhor resultado. Em que sentido? Quais são os resultados dos arquétipos fortes? Você vai ter mais disposição, mais alegria, maior autoestima, mais poder de concentração, mais poder de foco, mais entusiasmo, vai sair da procrastinação, não vai ser uma pessoa ansiosa, ou seja, você vai ter níveis de dopamina e de serotonina que vão te deixar melhor, se sentindo bem, com bem-estar, para produzir mais, para fazer mais. E essa sensação dos níveis mais altos de serotonina e de dopamina faz com que qualquer ser humano se sinta mais confiante, mais seguro, para buscar as coisas na vida.

Então, no que diz respeito, por exemplo, a uma mudança de realidade, a ativar a lei da atração de forma mais rápida, esses arquétipos positivos ajudam, e muito.

Imagine só, você está lá em busca de uma nova oportunidade de trabalho ou acabou de entrar em um negócio: quando você usa arquétipos positivos, quando eles aumentam esses níveis de produção de dopamina e serotonina, o impacto emocional desses arquétipos é muito maior.

Ele faz com que você realmente vá para a frente, avance na vida. Então se tudo já começa a corroborar-se, a prosperar para você, e você entra com esses arquétipos fortes, é como eu já expliquei antes e vou falar mais uma vez, é um combustível, é aditivado, e você se torna um foguete. Aceleram-se os resultados, aquilo que levaria dez anos para acontecer acontece em dois meses. Por isso eles são muito importantes nesse sentido.

Esses arquétipos bons, arquétipos positivos, como é que você vai utilizá-los? Já expliquei que você ativa um arquétipo de imagem, de som ou de símbolo quando você olha para ele.

Ah, mas o som eu não posso olhar. Então, quando você ouve o som, ouviu o som, ativou. Lembra? Porta aberta e ele entra.

Olhou para o arquétipo, seja de imagem, seja uma foto, seja o símbolo, seja uma estátua, seja uma tela para o celular ou para o computador, já ativa.

Mas preste atenção nos seguintes arquétipos positivos, porque eles são o fermento, a partir de agora, principalmente para substituir os arquétipos ruins que talvez você já tenha utilizado.

Águia, falcão, gavião e coruja são os arquétipos que mais produzem dopamina. São os mais poderosos, esses quatro.

Eles provocam elevadíssima autoestima, crescimento, sabedoria, poder e prosperidade. O impacto emocional desses arquétipos jamais pode ser subestimado, porque ele é muito forte. Eles também são arquétipos que provocam a superação de qualquer desafio, de qualquer perda e luta.

São indispensáveis para vencer na vida. Ele são relacionados com os deuses, Zeus, o Sol, Jesus Cristo, São João Evangelista. Citados na Bíblia em dezenas de versículos, são os símbolos dos presidentes, dos empresários, dos campeões, dos líderes, dos impérios antigos e modernos.

Inúmeros casos são relatados sobre o aumento de ganhos, ganhos financeiros, oferta de emprego, novas oportunidades, surgidas após o início do uso desses quatro arquétipos ou desses quatro símbolos, porque eles são extremamente fortes. E todas as pessoas que são expostas a esses arquétipos vão receber o seu efeito, isto é, elas passam a crescer, a evoluir, a produzir mais.

Só que aqui eu preciso te chamar a atenção. Preciso chamar a atenção para um ponto. Por exemplo, a águia, ele é muito forte; se você usa no seu local de trabalho e os clientes forem ver a águia, os clientes vão sumir. Como assim, tia Lu? Não entendi. Quando você entra com a águia, só você pode ver. O melhor lugar para você colocar a águia é no seu celular ou no seu computador. Isso se ninguém mais mexer no seu computador.

Quando você coloca a águia, por exemplo, no balcão da sua empresa e os clientes têm contato com a águia, os clientes vão sumir. Porque o cliente não dá conta de receber tantos níveis de

PODEROSOS ARQUÉTIPOS

dopamina desse arquétipo. Então ele não compra mais com você, ele começa a comprar com outras pessoas, com seu concorrente. Preste atenção. Se você usar em casa... os teus familiares não vão conseguir dar conta desse arquétipo. Provavelmente vai ter brigas, discussões, quem sabe até separações.

O arquétipo da águia é muito forte, é muito poderoso e, quando tem algo na corda bamba, vamos supor, um casamento que não está mais tão legal assim, tem algo ali que precisa ser resolvido. Então esse casamento, quando um dos pares entra com a águia... vamos supor que você entrou com a águia e o seu casamento não está tão legal assim, o seu relacionamento não está indo tão bem.

A águia, ele é tão forte, ele vai forçar a encontrar uma solução. Ou resolve para o relacionamento ficar 100% ou separa. É isso que acontece.

Dentro de uma empresa, quando você entra com a águia e os seus clientes, os seus colaboradores têm contato, é isso que vai acontecer. Os clientes vão sumir e os colaboradores vão sair também, vão brigar, vão ter problemas. Ele é muito forte, nem todas as pessoas dão conta de usar o arquétipo da águia.

Então, tia Lu, mas eu gosto, eu acho lindo, a águia é poderosa, eu quero isso para a minha vida. Se você está começando agora o uso dos arquétipos, e por isso você está no treinamento, eu como treinadora tenho a responsabilidade de te alertar. Alertar o seguinte: não use a águia já no começo. Dê um tempo, use outros arquétipos e deixe a águia lá para o final.

Principalmente, por uma razão principal você que está estudando sobre o tema agora e quer mudar a sua vida. Então, para a águia não é o momento. Porque a águia, por ser forte, não aceita mudança.

A águia tem que entrar quando as coisas já estiverem em outro patamar. Patamar de quê? Maior solidez, mais segurança, maior autoestima, as coisas já bem resolvidas na sua vida, e sim:

ela vai vir ali para dar aquela força e aumentar ainda mais os ganhos, aumentos de valores, oportunidades etc.

Mas se você está ali em um momento da sua vida que não está bom, que você precisa mudar de vida, não é o momento para entrar com a águia. Pela coruja, que também é muito forte, não vai impactar o casamento, não vai impactar dentro de casa, não vai impactar funcionários e clientes, também pode utilizar o falcão ou o gavião.

A águia, siga o conselho da sua treinadora, que quer o seu bem. Deixe a águia para usar daqui a um ano, dois, sei lá eu quanto tempo. Eu levei anos para entrar com a águia, porque a primeira vez que eu entrei com a águia, ela destruiu a minha vida. Depois eu reconstruí a minha vida para melhor, mas o primeiro momento não foi nada bom. Então eu não sugiro que você faça isso, porque é bem complicado. Então preste muita atenção.

Às vezes a pessoa já tem a águia, já utiliza a águia há algum tempo, porque ouviu falar que é um arquétipo forte, e a vida dela desmorona, ela não sabe o porquê. O dinheiro não fica na mão dela, os clientes não vêm, o relacionamento não dá certo, tudo parece que dá errado, ela não sabe o porquê. Aí quando eu explico que...

O arquétipo da águia é muito forte, deve ser usado só bem depois. Aí ela vai prestar atenção e vai dizer assim, ah, é mesmo, eu tinha usado a águia, então eu vou tirar. Tira, tira.

Se tem uma estátua ou um quadro, ou algo no seu celular, ou no seu computador, tira. Deixa para entrar com a águia bem depois.

Ainda sobre arquétipos fortes: o arquétipo da águia é o mais poderoso e mais forte que existe, por isso EU NÃO RECO-MENDO O USO NESTE ESTÁGIO DOS SEUS ESTUDOS. Vou te explicar o motivo:

Como a águia é muito forte, e um animal símbolo de poder e perfeição, ela não aceita migalha, por isso, se a sua vida não está definida ou em vias de chegar no topo das suas conquistas, se sua vida estiver ruim, com um relacionamento indefinido, emprego instável, amizades fracas etc., evite o uso da águia, pois ela irá sacudir demais a sua realidade causando caos e destruição. Como assim destruição? Lembra que mencionei de a águia não aceitar migalhas? Pois é, uma pessoa que está em um emprego instável, usando a águia, o arquétipo irá causar a demissão, devido ao fato de o emprego ser ruim e a águia não aceitar migalha.

Se a pessoa estiver em amizades ou relacionamentos tóxicos, o mais provável é a separação, haja vista que a águia quer a perfeição e jamais irá aceitar a migalha.

Por isso, TOME MUITO CUIDADO com o uso desse arquétipo, ele é a cereja do bolo, nunca deve ser usado no estágio inicial ou de reconstrução da sua realidade, sempre use outros que não são tão fortes, como a coruja, que é excelente para autoestima, amor-próprio, confiança, determinação, inteligência, foco, concentração e disciplina. Pode ser usado para estudos, para crianças e adolescentes em idade escolar.

O falcão também é um arquétipo forte e pode ser usado no lugar da águia, com aspectos muito similares aos da coruja.

O tubarão também é considerado forte, com evidente agressividade, principalmente no que diz respeito a vendas e resultados financeiros, agilidade, destreza.

CAPÍTULO 10

INFORMAÇÃO ARQUETÍPICA

Fonte: https://stock.adobe.com/br/images/vector-illustration-superhero-in-strong-pose-with-cape-silhouette-of-a-super-hero-man/335281404

Você se lembra de quando eu falei muito sobre informação aqui? Bem, a informação é algo que quero que você fixe em sua mente. Toda informação já existe, ela não pode ser criada nem destruída. Isso significa que tudo no universo possui uma carga de informação, desde objetos como livros, músicas, palavras, roupas até entidades vivas e inanimadas. Até mesmo personagens de filmes, livros, séries ou novelas possuem informações.

Quando nos comunicamos com a mente inconsciente, podemos atribuir figuras arquetípicas a essa informação consciente através de pessoas, coisas, lugares, eventos ou personagens. Pode ser um personagem real ou fictício.

Vamos supor que você goste muito de um ator que fez papéis brilhantes no cinema. Você pode usar a imagem ou o nome dessa pessoa como um arquétipo porque deseja incorporar as qualidades dela, alcançar o sucesso que ela conquistou, chegar aonde ela chegou. No entanto, é importante ressaltar que colocar a foto de uma pessoa no celular não fará você se tornar um ator bem pago em Hollywood magicamente.

Para alcançar o sucesso, é preciso trabalho árduo, estudo e dedicação, assim como a pessoa admirada teve que percorrer um caminho até conquistar o reconhecimento. Ao utilizar o arquétipo, buscamos nos aproximar das características que admiramos naquela pessoa.

Por exemplo, se você é uma professora e admira outros profissionais da área, pode utilizar a figura de uma professora como arquétipo para obter as informações que deseja.

Quando usamos a figura de alguém como arquétipo, nosso inconsciente obedece a essa informação e busca se aproximar dela. O que admiramos na pessoa é algo que já existe em nós. Existe uma conexão, e ao nos aproximarmos dessa figura, nossa mente busca adquirir essas características.

É como se houvesse uma transferência de consciência, nos aproximamos da consciência daquela pessoa que admiramos.

É possível utilizar diversas figuras arquetípicas, como profissionais da sua área, pessoas famosas da TV, cinema, livros, personagens fictícios, ou até mesmo figuras históricas como reis, rainhas, ou deuses mitológicos. Cada figura possui características e qualidades que podemos absorver e assimilar.

No entanto, é importante estar ciente de que, ao utilizar um arquétipo, também podemos adquirir um pouco da personalidade daquela figura. Se a pessoa admirada é irritada, podemos nos tornar um pouco mais irritados também. Portanto, é necessário escolher com cuidado o arquétipo que desejamos utilizar, levando em consideração as características pessoais e a compatibilidade com nossa própria personalidade.

Ao selecionar um arquétipo, é fundamental prestar atenção em nossas reações e sensações, pois elas podem variar de acordo com o arquétipo escolhido. Algumas pessoas podem experimentar reações físicas, sonhos, pesadelos, tomar decisões importantes ou até mesmo mudar sua personalidade ou temperamento.

Essas mudanças podem ser significativas e positivas se o arquétipo escolhido for adequado, ou negativas se não for. É necessário conhecer a si mesmo e entender como reagimos a fim de avaliar o efeito que o arquétipo está causando em nossa realidade.

Os resultados do uso de arquétipos podem variar de pessoa para pessoa e o tempo para notar os efeitos pode ser diferente. Algumas pessoas podem perceber resultados imediatos, enquanto outras podem levar dias, semanas ou até meses para notar mudanças significativas.

É importante observar essas mudanças e avaliar se o arquétipo está trazendo os resultados desejados. Se não estiver, é possível substituir o arquétipo por outro mais adequado.

Lembre-se de que, ao utilizar arquétipos, estamos preparando o solo de nossa mente para receber as informações que buscamos. Podemos escolher arquétipos de pessoas de sucesso, de pessoas que admiramos, de figuras históricas ou personagens fictícios para nos aproximarmos de suas qualidades e características.

Essa prática pode ter efeitos profundos em nossa vida, moldando nossas ações, comportamento e perspectiva.

CAPÍTULO 11

ESCOLHENDO O ARQUÉTIPO

Fonte: https://maikon.biz/wp-content/uploads/2022/06/1.a.-Imagem-
-que-mostra-alguns-dos-arquetipos-de-marca-possiveis-.jpg

Vamos prosseguir então. Como você escolhe um arquétipo? Bom, é preciso que conheça os arquétipos, os quais eu apresentei nos capítulos anteriores. Existem arquétipos fracos e fortes, e mais adiante falarei também sobre os arquétipos de personalidade. Portanto, você irá familiarizar-se com eles. Conhecer os arquétipos facilita a escolha com base no seu objetivo.

Vale lembrar que um arquétipo não resolve o problema, ele traz a solução. A informação arquetípica nunca é baseada no problema em si. Por exemplo, você não encontrará um arquétipo para emagrecer. Em vez disso, encontrará um arquétipo para aumentar sua autoestima, seu poder de concentração, foco e para promover altos níveis de endorfina.

Com base nisso, você terá uma predisposição para alimentar-se melhor, dormir melhor, sentir-se melhor e mover-se mais. Assim, ele induz a uma ação que o direciona para o resultado desejado, como emagrecer.

Outro exemplo, se você quer um arquétipo para vendas, que atraia mais clientes, ele atrairá clientes, mas isso não significa que eles chegarão prontos para comprar.

A venda em si é sua responsabilidade. Esse arquétipo pode magnetizar, levando os clientes à sua loja, mas é você quem deve oferecer um bom produto, ser um bom vendedor e fazer uma boa oferta.

No caso dos relacionamentos, há arquétipos que favorecem o amor, tranquilidade, estabilidade e relacionamentos saudáveis. No entanto, o envolvimento afetivo com outra pessoa depende de você e da pessoa com quem você escolheu se relacionar.

Por exemplo, você não encontrará um arquétipo para atrair uma pessoa específica, mas encontrará um arquétipo para desenvolver o amor-próprio e estabilizar seus relacionamentos com os outros. Em todos os casos, o arquétipo sempre fornecerá informações para solucionar o problema, nunca haverá um arquétipo para o problema em si.

No caso da falta de dinheiro, o arquétipo não resolverá esse problema, não existe um arquétipo para ganhar na loteria, pagar as dívidas ou faturar mais. Porém, o arquétipo da prosperidade, riqueza, sucesso e transformação, sim, existe. Ele não trará milhões para a sua conta, mas te trará oportunidades de obter mais rendimentos — tudo dependerá de você —, o arquétipo para relacionamento não trará um príncipe encantado ou uma alma gêmea, mas proporcionará maior autoestima e amor-próprio, resultando em relações afetivas mais estáveis e tranquilas.

Ele não trará funcionários mais dedicados para a sua empresa, mas existem arquétipos que você pode aplicar para engajar seus funcionários, promover espírito de equipe, apoio mútuo e cumprimento de metas.

Portanto, ele sempre favorecerá o resultado desejado. Ele não resolverá seu problema de procrastinação, mas lhe dará mais disposição, rapidez, força, agilidade, foco e concentração.

Tudo isso que o arquétipo proporciona o libertará do problema, fornecendo-lhe ferramentas e soluções para superá-lo. Nesse caso, você sempre escolherá um arquétipo com base na solução que procura. Portanto, o arquétipo é sempre a solução. Ele ativa soluções, caminhos e situações desejadas. Nunca é o contrário, ele nunca resolve o problema em si.

É óbvio, tia Lu, que a solução resolve o problema. No entanto, o arquétipo não é uma varinha mágica que resolve problemas. O arquétipo é a conexão com a solução, pois, lembre-se, ele é o molde da perfeição, a matriz, a primeira criação. Sendo assim, é evidente que ele representa a perfeição.

E, por ser a perfeição, essa informação é sobre o quê? Sobre a realidade, sobre a solução, sobre um fato concluído. Nunca sobre o problema, entendeu? Portanto, você sempre escolherá o arquétipo com o objetivo de encontrar a solução para aquilo que deseja resolver.

Outro ponto em que você precisa ter atenção é o fato de não misturar cultura (questões culturais de países e povos) com os arquétipos. Vamos entender melhor esse conceito.

Sim, os arquétipos podem ser tanto aceitos como divergentes culturalmente. Embora alguns arquétipos sejam amplamente compartilhados em diferentes culturas, outros podem variar ou ser interpretados de maneiras distintas de acordo com as tradições, crenças e valores específicos de cada sociedade.

Arquétipos aceitos culturalmente:

Existem certos arquétipos que são amplamente aceitos e reconhecidos em várias culturas ao redor do mundo. Por exemplo, o arquétipo do "herói" é encontrado em mitologias e histórias de diversas culturas, como a história de Gilgamesh na antiga Mesopotâmia, o épico indiano Mahabharata, e os contos dos irmãos Grimm na Europa. O "mestre/mentor" é outro arquétipo comum presente em muitas culturas, representado por figuras como o sábio ancião ou o guia espiritual.

Arquétipos divergentes culturalmente:

Alguns arquétipos podem variar significativamente entre culturas. Isso ocorre porque as experiências, crenças e valores de cada sociedade moldam a forma como os arquétipos são interpretados e retratados. Por exemplo, o "trickster" ou "trapaceiro" pode ser visto de maneira positiva em algumas culturas, como uma figura que desafia as normas estabelecidas e provoca mudanças necessárias, enquanto em outras culturas pode ser considerado negativo, associado ao engano e ao caos.

Além disso, certos arquétipos podem ser mais proeminentes em algumas culturas do que em outras. Por exemplo, figuras arquetípicas relacionadas à espiritualidade, divindades ou ancestrais podem variar muito em diferentes sistemas de crenças religiosas e folclóricas.

As diferenças culturais também podem influenciar as narrativas e histórias que destacam certos arquétipos, criando mitos e lendas exclusivos de uma cultura específica.

Em resumo, os arquétipos têm uma base universal, mas a maneira como são interpretados e a ênfase que recebem podem variar culturalmente. É importante considerar o contexto cultural ao analisar e compreender os arquétipos em diferentes sociedades, respeitando suas particularidades e significados para cada grupo humano.

Neste livro, meu trabalho é te mostrar os arquétipos com base na psicologia e psicanálise, e isso não inclui questões de divergências culturais ou religiosas.

CAPÍTULO 12

DESATIVANDO ARQUÉTIPOS NEGATIVOS

Fonte: https://brandly360.com/wp-content/uploads/2018/09/wiary-godnosc_kluczem_do_sukcesu_opinie_w_esklepie.png / https://www.ocu.org/-/media/ocu/seo/alimentaci%C3%B3n/seguridad%20alimentaria/no-nueva-norma-comparativos% 201.jpg?la=es=-es&rev-f331e525-52a 1-47c8-b3bb-9f62f217bdb1&h=338&w=600&hash=17B51C3A9A0267623703198986EF4407&mw=960

Neste capítulo, abordaremos como desativar um arquétipo. Você pode desativar um arquétipo removendo-o do seu campo de visão, não o vendo mais, cortando o contato visual com ele e substituindo-o por outro arquétipo oposto. Por exemplo, vamos remover os arquétipos negativos da sua casa, do seu campo de visão. Digamos que você tenha encontrado um pano de prato com a imagem de uma vaquinha, que é um arquétipo negativo. Como desativar esse arquétipo negativo que estava ali e você não sabia? Primeiro, remova-o do lugar em que estava para não o ver mais, não ter contato com ele, e substitua por um arquétipo melhor e mais forte. É simples assim. Você troca um pelo outro. Simples. Sabe quando a pilha do controle remoto acaba? O que você faz? Troca a pilha. O arquétipo é a mesma coisa. Como desativar um arquétipo negativo? Substituindo por um arquétipo positivo. Ponto. E a partir desse momento, comece a utilizar o arquétipo positivo.

Mas e se eu tiver um arquétipo negativo que está na minha logomarca ou em algum lugar sobre o qual eu não tenho controle? Como faço nesse caso? Você vai usar um arquétipo muito mais forte, positivo, que tenha mais contato do que o arquétipo negativo. Mas como assim? Você falou que não importa a quantidade de vezes que eu vejo esse arquétipo. Sim, não importa a quantidade de vezes, mas suponha que na logomarca da empresa onde trabalho tenha um arquétipo negativo e eu não posso mexer na logomarca porque a empresa não é minha. Sabendo que é negativo, posso levar para o meu ambiente de trabalho, para a tela do meu computador ou celular um arquétipo melhor e mais forte, para substituir na minha mente aquele arquétipo negativo que fica lá rodando durante todo aquele tempo. Porque uma coisa é fato, o arquétipo poderoso é poderoso justamente porque é mais forte do que o negativo.

No entanto, se eu passar muito mais tempo em contato com o negativo, as chances são de que meus níveis de endorfina, serotonina e outros neurotransmissores transportem menos informações positivas para a minha mente, resultando em maior ansiedade, cansaço, apatia, irritabilidade e ansiedade.

Então, mesmo que o arquétipo seja bom, talvez ele não consiga superar os baixos níveis de endorfina e serotonina que tenho. Portanto, é importante equilibrar a balança para neutralizar o arquétipo negativo, colocando mais e mais arquétipos fortes. É aqui que entra o que mencionei sobre a Disney.

Lembra que disse que falaria sobre a Disney? Depois explicarei melhor sobre a Disney, o pato, o rato e esses arquétipos presentes nos personagens e imagens da Disney, que provavelmente geraram dúvidas em você. Se são arquétipos negativos, por que a Disney foi bem-sucedida?

Pesquise no Google. Imagens subliminares na Disney. Você encontrará inúmeras imagens subliminares, inclusive com conotação sexual. Por que as imagens subliminares com conotação sexual são fortes e poderosas? Porque elas remetem ao poder, à sexualidade, à fertilidade, ao feminino, ao masculino, aspectos muito primitivos. Se algo é primitivo na mente humana, instintivo, é forte, pois prevalece. Muito antes do ser humano raciocinar e ter toda essa inteligência que desenvolvemos, o que nos restava, há milênios, no início, como *Homo sapiens*? O instinto. Ele nos acompanha desde então.

O instinto é algo antigo, acentuado, forte e poderoso. Qualquer tipo de mensagem subliminar, figura arquetípica ou informação relacionada ao sexo, poder e energia sexual, tanto feminina quanto masculina, qualquer insinuação nesse sentido, sempre será forte e poderosa, pois mexe com um instinto primitivo básico no ser humano. Sempre chamará a atenção.

A Disney se aproveitou desses conceitos e, se você pesquisar no Google, encontrará diversos filmes da Disney com essas imagens subliminares, esses arquétipos com conotação sexual. Você também verá muitos arquétipos de poder nos filmes, emblemas, símbolos e imagens que a Disney utiliza para criar esse encantamento, hipnotizando as pessoas e direcionando sua atenção para onde desejam.

Quanto mais informações desse tipo são fornecidas à mente humana, mais neutralizam a imagem negativa do rato, do pato e de qualquer outro símbolo fraco. Lembra que mencionei que pode ser usado como doses, como uma balança? Se há um arquétipo negativo, é possível aumentar os níveis de endorfina e serotonina com arquétipos mais fortes, e isso compensa. Sim, a Disney utilizou arquétipos fracos como o Mickey, o rato, o pato e tantos outros personagens, mas sempre os associou à alegria, descontração, piadas e humor.

Além disso, muitas marcas globais da indústria da publicidade, propaganda, cinema, música e entretenimento em geral também se utilizaram desse arquétipo primitivo de conotação sexual. É por isso que acabam neutralizando e mantendo a percepção humana apenas nesse aspecto. Porque há um equilíbrio, uma compensação. Funciona muito bem.

Por isso, você pode usar essas informações de arquétipos nos seus negócios para fechar contratos, atrair clientes, fortalecer relacionamentos, engajar equipes, impulsionar vendas, desenvolver logomarcas, fazer apresentações, propor parcerias. Você pode usar essas ferramentas poderosas para beneficiar você nos negócios, tomadas de decisão e novas empreitadas na sua vida. Isso funcionará em 100% das vezes.

Mais adiante, falarei sobre os arquétipos de personalidade. Quando eu explicar sobre os arquétipos de personalidade, você entenderá como eles também são usados na indústria da propaganda, nos negócios e no entretenimento. Você aprenderá a identificar os arquétipos de personalidade em si mesmo e nas pessoas ao seu redor.

Além disso, quando você compreender esses arquétipos de personalidade, juntamente com os arquétipos de imagem, você terá uma visão mais ampla e conseguirá posicionar-se de forma mais eficaz nos seus negócios e relacionamentos.

CAPÍTULO 13
CATARSE E USO DE ARQUÉTIPOS

Fonte: http://i1.ytimg.com/vi/8cf5huqVOfc/maxresdefault.jpg

A catarse é um conceito que também quero abordar. A palavra catarse tem origem na Grécia Antiga e significa "expulsão" ou "purgação" do que é estranho. Na cultura ocidental, a catarse é vista como um processo de liberação, no qual algo que está em desacordo é expelido ou purificado. É uma purificação do espírito humano, uma libertação das imperfeições.

Quando você utiliza um arquétipo forte ou fraco, pode ocorrer um processo de catarse. Esse processo envolve a expulsão daquilo que não está em harmonia com a sua vida e a sua essência. Assim como em uma reforma de um prédio, em que é preciso demolir e reconstruir para obter melhorias, a catarse na sua vida pode envolver a destruição de aspectos indesejados para dar espaço a uma transformação positiva. Durante esse processo, você pode experimentar mudanças em relacionamentos, trabalho, casa, entre outros aspectos da sua vida.

A catarse pode variar em intensidade e duração. Em alguns casos, pode ser mais intensa e demorada, enquanto em outros pode ser menos perceptível. No entanto, é importante entender que a catarse é apenas uma fase temporária e faz parte do processo de transformação. Aceitar e estar aberto(a) a essa transformação ajuda a superar a catarse com mais facilidade. É essencial focar os resultados desejados e compreender que a catarse é um caminho para alcançar uma vida melhor.

Lembre-se de que a catarse não é um sintoma em si, mas sim um movimento de liberação e transformação. É normal sentir desconforto durante a catarse, mas ao aceitar e compreender sua finalidade, é possível passar por esse processo com mais tranquilidade. A catarse é uma viagem em direção à mudança e ao crescimento pessoal, que pode trazer resultados significativos e positivos em sua vida.

Em alguns casos, catarses acontecem na sua vida de modo geral, exemplo: um relacionamento que não seria positivo acabará, uma amizade tóxica se desfaz, a pessoa é demitida, brigas na família etc. Tudo isso é exemplo de catarses acontecendo em sua vida, são para o bem, nunca para o mal; por outro lado, sintomas físicos como doenças, gripes e afins não são considerados catarses.

CAPÍTULO 14

EFEITOS COLATERAIS

Fonte: https://deno-licina.com/wp-content/uploads/2021/10/Stern-zeichen-Widder-107.jpg

Existem alguns cuidados de extrema importância para os quais eu preciso te alertar. Assim como um remédio, é sempre bom ler a bula para entender os efeitos colaterais, sintomas principais e possíveis alterações que podem ocorrer, pois cada pessoa é única e reage de forma diferente. Preciso te informar sobre alguns efeitos colaterais aos quais você deve prestar atenção quando se trata de arquétipos.

É óbvio que você já percebeu que deve evitar arquétipos fracos, ruins ou complicados, já que existem listas de arquétipos perigosos. Esses arquétipos podem causar desconforto, irritabilidade, sintomas de depressão, fadiga, apatia, procrastinação, baixa autoestima e outras sensações desagradáveis. Isso também se aplica ao ambiente ao redor da pessoa, resultando em discussões acaloradas com familiares ou colegas de trabalho, dependendo de onde esses arquétipos estão presentes.

Os arquétipos negativos têm efeitos colaterais mais facilmente identificáveis, como mau humor, cansaço, peso, dores de cabeça, sono excessivo e outros desequilíbrios corporais. Esses sintomas podem ser causados pela diminuição dos níveis de endorfina, serotonina e outros hormônios. Quando esses níveis diminuem, a produtividade é afetada, tornando difícil estudar, manter o foco, ter vontade de se exercitar, sair e realizar outras atividades. Além disso, outros aspectos da vida da pessoa também podem ser afetados, como problemas financeiros ou dificuldades nos relacionamentos.

Por outro lado, arquétipos positivos podem ter efeitos colaterais dependendo da pessoa ou do processo de catarse por que ela está passando. Assim como em um remédio, nem todos os pacientes experimentam os mesmos efeitos colaterais, mas alguns podem ter sonhos estranhos, confusão mental ou outras sensações. No entanto, a maioria dos efeitos dos arquétipos positivos são benéficos, proporcionando bem-estar, alegria e energia. Se você não gosta dos efeitos colaterais de um arquétipo específico, pode substituí-lo por um mais neutro, mas ainda é importante continuar usando arquétipos para estimular a mente e equilibrar os níveis hormonais.

É normal sentir sensações estranhas ao iniciar um novo arquétipo, pois a mente está recebendo informações diferentes e pode levar algum tempo para se ajustar. Se os efeitos colaterais forem incômodos, é possível interromper temporariamente o uso do arquétipo e depois retornar a ele, combinando-o com um arquétipo mais neutro para equilibrar os efeitos. Se mesmo assim os sintomas persistirem, é possível escolher outro arquétipo semelhante, mas com efeitos mais suaves.

Esses efeitos colaterais são passageiros e não acontecem com todas as pessoas. É importante ter consciência e observar como você se sente ao usar um arquétipo, fazendo uma análise do seu estado físico e emocional antes de iniciar. Recomendo **NÃO usar muitos arquétipos** ao mesmo tempo no início, pois é melhor experimentar e compreender os efeitos de cada um individualmente. Não há um tempo mínimo ou máximo de uso, você pode usá-los pelo tempo que desejar, mas sugiro começar com cautela e aumentar a experiência aos poucos.

Nas próximas páginas, abordaremos se é melhor utilizar arquétipos em áudio, vídeo ou imagem.

CAPÍTULO 15

CONTATO VISUAL COM ARQUÉTIPO

Fonte: https://blog.heartmanity.com/hs-fs/hubfs/young-woman-looking-000019320298_Compressed.jpeg?width=4073&name=young-woman-looking-000019320298_Compressed.jpeg

Conforme explicado anteriormente, um arquétipo é ativado assim que você entra em contato com ele. Portanto, quando se trata de arquétipos de imagem, símbolos ou qualquer outra forma, o contato visual é o que importa. Assim que você olha para o arquétipo, a informação contida nele é enviada para a mente inconsciente através de uma "porta" metafórica. Não é necessário passar por um processo de análise para que o arquétipo comece a funcionar. Apenas o contato visual é suficiente para que os neurotransmissores sejam ativados e comecem a agir.

Isso é válido para todas as pessoas. Por exemplo, se você coloca uma águia em seu local de trabalho, seus clientes, colegas de trabalho e outras pessoas que frequentam o ambiente também receberão a informação contida no arquétipo. No entanto, a diferença é que, ao ter esse conhecimento, você pode escolher conscientemente qual arquétipo deseja utilizar, de acordo com seus objetivos. Mas é importante lembrar que o arquétipo está relacionado à imagem. Se é um arquétipo de imagem ou símbolo, é o que você vê. Portanto, não é necessário realizar rituais, escolher horários específicos ou repetir o contato com o arquétipo várias vezes ao dia. A ativação do arquétipo não depende desses aspectos.

A ativação do arquétipo é direta e não requer nenhum preparo especial. Basta olhar para o arquétipo e sua mente fará o resto. O simples ato de olhar para o arquétipo já estimula a produção de endorfinas, serotonina e outros neurotransmissores. Se você deseja interromper o efeito do arquétipo, basta parar de olhar para ele e substituí-lo por outro. A ativação do arquétipo não depende do horário do dia, do tipo de imagem (vídeo, foto) ou de outras variáveis. O resultado é o mesmo, independentemente desses detalhes.

É importante distinguir entre arquétipos e figuras religiosas. As figuras religiosas, como santos, foram criadas e determinadas por consensos e decisões humanas em concílios e religiões específicas. Elas <u>não são arquétipos</u> primordiais. Arquétipos têm uma origem mais antiga, relacionada a conceitos primitivos e simbólicos que foram identificados e nomeados por estudiosos como Freud e Jung na psicologia e psicanálise. Portanto, não devemos confundir esses dois conceitos.

Resumindo, a ativação do arquétipo ocorre através do contato visual com a imagem. Não há necessidade de rituais complexos ou repetições excessivas. O arquétipo atua diretamente na mente, estimulando a produção de neurotransmissores, independentemente do horário do dia ou do tipo de imagem. É importante distinguir entre arquétipos e figuras religiosas, pois são conceitos diferentes.

CAPÍTULO 16

ARQUÉTIPOS SÃO INDIVIDUAIS

Fonte: https://sun6-22.userapi.com/s/v1/if1/ZCusF7nHEGdMJuA2E-t3liTJ_mEs0VvGpCLo7Lg4WVxbpL8_jdOaH7ZAFnu_J8N0lbjlQl7DS.jpg?size=1563x1983&quality=96&crop=71,50,1563,1984&ava=1

O resultado, os efeitos positivos e colaterais, a catarse e a transformação que ocorrem com os arquétipos são altamente individuais. Tanto Freud quanto Jung trouxeram esses estudos de forma geral para que tivéssemos acesso às informações. No entanto, cada pessoa é única, o que significa que os resultados podem variar. Essa variação não implica que um arquétipo forte que traz riqueza para uma pessoa não funcione da mesma forma para outra. A diferença está no tempo que cada indivíduo leva para perceber os resultados e na maneira como cada uma recebe e reage aos impulsos arquetípicos.

Se você quiser transmitir essas informações, ensinar e mostrar os arquétipos para outras pessoas, como familiares, cônjuge, filhos, colegas de trabalho ou funcionários, isso é perfeitamente válido. Ao fazer isso, você estará ajudando não apenas a si mesmo, mas também aos outros a alcançarem resultados melhores. No entanto, é importante respeitar que o tempo de resposta pode variar de pessoa para pessoa. Além disso, mesmo que você compartilhe um arquétipo com alguém, o resultado pode ser diferente para cada um. Cada pessoa reage de maneira distinta e tem suas próprias sensações e situações individuais.

Se você deseja introduzir os arquétipos para seus filhos, mesmo que sejam crianças pequenas ou adolescentes que não tenham conhecimento prévio sobre o assunto, é fundamental observar qualquer mudança ou desconforto que possam surgir. Como pai ou mãe, é importante reconhecer se eles apresentam sintomas, reações ou sensações diferentes ao utilizar determinado arquétipo. *Caso perceba algo incomum, você pode retirar o arquétipo e substituí-lo sem que eles percebam, ou tentar equilibrar a energia com outro arquétipo por um período de tempo e testar diferentes abordagens.*

O mesmo princípio se aplica a familiares ou pessoas próximas. Por exemplo, se você perceber que alguém é muito inquieto, pode usar um arquétipo para trazer mais calma. Se estiver presenteando alguém em um aniversário, pode oferecer uma estátua ou uma imagem que represente o arquétipo desejado para melhorar relacionamentos, amor, trabalho, negócios etc. Você pode explicar o significado do arquétipo para a pessoa ou simplesmente presenteá-la sem a necessidade de explicações, pois ela automaticamente começará a utilizar o arquétipo e experimentar suas sensações e reações, mesmo que não esteja consciente disso.

É importante compreender que cada pessoa reage de maneira diferente aos arquétipos, e não há uma fórmula exata para saber quanto tempo levará para os resultados aparecerem. Cada indivíduo é único, e é necessário respeitar essa individualidade. Evite se cobrar ou ficar ansioso pensando que os arquétipos são uma troca garantida que resultará em determinados efeitos.

Os arquétipos são ferramentas poderosas que contribuem para o processo, mas é importante lembrar que, assim como um carro precisa de combustível para se mover, é necessário conduzir os arquétipos com a mente e a energia adequadas. Depende de uma combinação de fatores e da forma como você lida com eles.

Se algum sintoma ou sensação ruim surgir, **substitua imediatamente o arquétipo**, sem preocupações. Você pode equilibrá-lo com outro arquétipo ou fazer ajustes para encontrar o equilíbrio necessário. Com o tempo, sua mente se acostumará e a adaptação se tornará mais fácil.

CAPÍTULO 17

SERVE PARA QUÊ?

Fonte: https://ajournal.info/wp-content/uploads/2021/07/carl-
-jung-5129675_1920.jpg

Você pode utilizar os arquétipos em várias áreas, como relacionamentos, família, colegas de trabalho, dinheiro, amigos e filhos. Geralmente, vejo que são mais usados no ambiente de trabalho, com os filhos e nos relacionamentos. Por quê? Porque muitas vezes as pessoas buscam melhorar seus relacionamentos ou lidar com questões específicas nesses contextos.

Quando você aprende sobre os arquétipos e os aplica em sua vida, eles também impactam as pessoas ao seu redor, mesmo que elas não estejam cientes disso. Pode ser através de quadros, figuras, estatuetas ou outros objetos que carregam a informação arquetípica. Para aqueles que desconhecem o significado, esses objetos passam despercebidos, mas ainda assim têm um efeito positivo em suas mentes. Isso afeta tanto você quanto as outras pessoas de forma benéfica.

No caso dos filhos, por exemplo, se você tem um filho desobediente, ansioso, agitado ou com dificuldades para dormir, você pode escolher um arquétipo adequado ao objetivo que você deseja alcançar e utilizá-lo em seu quarto, celular ou computador, onde seja mais acessível. Você pode acompanhar os resultados ao longo do tempo. O mesmo vale para familiares. Presentear alguém com uma figura arquetípica pode ser um gesto poderoso. Mesmo que a pessoa não entenda o significado, ela usará o objeto em seu espaço de trabalho, leitura ou para ajudá-la em determinada área da vida. Isso ajudará a ativar as informações arquetípicas de maneira próspera e produtiva.

Se houver conflitos familiares, como brigas recorrentes, você pode introduzir um arquétipo no ambiente em que as pessoas estão reunidas. Outra opção é presentear cada indivíduo com um arquétipo específico. Eles começarão a utilizá-los sem perceber e, dessa forma, iniciarão um processo positivo de transformação.

Você pode se perguntar se existem efeitos colaterais ou sintomas ao utilizar arquétipos. Nesse caso, é importante estar atento e fazer perguntas para essas pessoas, observar qualquer mudança ou desconforto que possam surgir. Lembre-se de que você possui o conhecimento sobre o uso dos arquétipos, enquanto eles podem não ter. É seu papel fazer esse trabalho e cuidar dessa situação. Se alguém apresentar irritação, estranheza ou se tornar insuportável, explique que deu um arquétipo e sugira que deixe de usá-lo. Abra espaço para uma conversa franca e compreensiva.

Essa abordagem pode ser aplicada em qualquer área, incluindo o ambiente de trabalho. Você pode colocar imagens e informações arquetípicas em reuniões ou distribuí-las em materiais impressos para a equipe. Você verá os resultados acontecendo, mas é importante agir de forma perspicaz, como num jogo de xadrez, movendo as peças de acordo com seus objetivos. Faça pesquisas e utilize as informações deste livro para determinar qual arquétipo é mais adequado para cada objetivo, pessoa ou ambiente.

Essa abordagem será útil em novos negócios, relacionamentos ou em qualquer situação que exija transformação e modificação. Ao entrar com o arquétipo correto, você terá certeza de alcançar o sucesso desejado.

CAPÍTULO 18

ARQUÉTIPOS E OS AMBIENTES

Fonte: https://amiel.club/uploads/posts/2022-09/1664558361_59-a-miel-club-p-komnata-s-tsvetami-instagram-59.jpg

Falando em ser bem-sucedido, agora que você possui informações mais adequadas, imagine se você iniciar um novo negócio, se mudar para um novo local de trabalho, ingressar em uma nova empresa ou estabelecer uma nova parceria. Pense em quais arquétipos você vai incorporar nesse ambiente. Deixe-me contar uma coisa interessante. Sabia que em países mais desenvolvidos, como os Estados Unidos, por exemplo, a decoração e o ambiente de locais de poder, como a Casa Branca, são cuidadosamente planejados para utilizar os arquétipos corretos? Cada detalhe, desde a mesa, o abajur, os quadros até as cores, é projetado estrategicamente para transmitir informações arquetípicas específicas.

Por exemplo, a mesa do presidente dos EUA é conhecida como a mesa Resolutt, sendo uma das duas existentes, uma no Palácio de Versalhes e outra no Reino Unido. Nada é por acaso; tudo foi projetado para transmitir uma mensagem específica por meio dos arquétipos.

Portanto, em seu próximo empreendimento, na próxima casa em que você morar ou até mesmo no seu ambiente atual, você pode preparar o espaço utilizando os arquétipos corretos de acordo com seus objetivos. No entanto, é importante ressaltar que, em momentos decisivos, como comprar uma casa, mudar de país, casar-se, ter filhos, deixar um emprego ou iniciar um novo negócio, você pode entrar com um arquétipo para ajudá-lo a tomar decisões mais acertadas. Após tomar a decisão, você pode utilizar outros arquétipos de poder, tranquilidade, paz, agilidade, de acordo com os objetivos que deseja alcançar. Os arquétipos podem ser utilizados antes, durante e depois dessas mudanças, contribuindo para o sucesso em cada etapa.

Observe como os arquétipos estão presentes em tudo. Eles têm o poder de influenciar positivamente sua vida, a vida de seus familiares, seus negócios, seus relacionamentos, amigos e o ambiente onde você vive e trabalha.

Nos próximos capítulos, falarei sobre os arquétipos de personalidade e você entenderá por que as pessoas possuem determinadas características. Você também poderá identificar sua própria personalidade e aprender a modificá-la conforme necessário. Compreenderá que a personalidade pode ser facilmente influenciada pelas imagens e símbolos que você já aprendeu até o momento.

Tudo isso faz parte de um conjunto que, quando utilizado corretamente, amplia ainda mais o poder e o potencial dos arquétipos. É extremamente poderoso, e você está sendo apresentado a todo esse poder. Portanto, aproveite ao máximo. Agora você se torna uma das pouquíssimas pessoas no mundo que possui a capacidade de utilizar esse conhecimento.

Neste livro, não se trata apenas da parte teórica, pois eu mostro como usar, dou exemplos e ensino você a aplicar os arquétipos. A partir do momento em que você começa a utilizá-los, o poder está em suas mãos. Imagine ter o poder sobre sua própria vida, suas decisões e transformações, sempre disponível para você. Seja para um novo relacionamento, para aprimorar o relacionamento atual, iniciar um novo negócio ou aperfeiçoar o que já possui, ou até mesmo para criar uma nova e melhor realidade, tudo isso pode ser alcançado com o conhecimento que você já adquiriu até agora.

E ainda há mais para aprender no futuro, aumentando ainda mais o poder em suas mãos. Isso começa desde já.

CAPÍTULO 19

OS NÍVEIS DE CONEXÃO

Fonte: https://raquelleonor.com/wp-content/uploads/2019/07/v%-C3%ADnculo-1-750x410.jpg

Existem três níveis de conexão com os arquétipos, e nenhum deles está relacionado à frequência vibracional. Não há necessidade de se conectar com uma frequência específica, vibrar ou sentir algo. Não é preciso estar alinhado com o arquétipo. Entenda que o arquétipo é o arquétipo. Não preciso estar alinhado a ele para ser influenciado por ele. Mesmo que eu não tenha consciência da existência de um arquétipo, ele passará pela minha mente e terá o mesmo efeito do que quando eu conheço esse arquétipo. Portanto, não é preciso conectar-se à frequência para que o arquétipo funcione. Ele funcionará no mesmo nível, da mesma forma.

A diferença é que a pessoa que sabe como utilizar o arquétipo tem esse poder em mãos, como mencionei anteriormente.

É importante compreender os três níveis de conexão com os arquétipos: o nível informacional, o nível inconsciente e o nível consciente.

Vamos começar com o primeiro, que é o nível informacional. Toda informação já existe e não pode ser criada nem destruída. Esse é um conceito antigo, discutido por filósofos muito antes de Jesus Cristo. Portanto, a informação sempre existiu e sempre existirá, não pode ser criada nem destruída.

O arquétipo informacional refere-se ao conhecimento, à informação, à inteligência. Por exemplo, um livro é um arquétipo de conhecimento, inteligência e informação. O conteúdo do livro é informação pura, 100%. Essa informação não pode ser destruída.

Podemos utilizar um livro como um arquétipo informacional, porque a informação contida nele pode ser transferida para a mente, para o inconsciente. Obviamente, isso não acontece simplesmente pressionando um botão e transferindo-a como um download em um celular. É um processo muito mais profundo do que isso.

Ainda assim, o arquétipo informacional está relacionado ao conteúdo, como aulas, livros, artigos, tudo que envolve conhecimento. Por exemplo, uma aula a que você assiste ou um treinamento contêm um arquétipo informacional.

Todo o conhecimento presente ali é o que chamamos de informacional. Até mesmo uma biblioteca ou uma escola possui um arquétipo informacional, pois todo conhecimento e sabedoria ali presentes são informações que não podem ser destruídas.

O próximo nível é o nível inconsciente. Esse nível está relacionado aos arquétipos do inconsciente coletivo. Quando fazemos parte de uma cultura, de um ambiente ou de uma comunidade específica, estabelece-se um arquétipo inconsciente coletivo.

Por exemplo, sou gaúcha. Na região onde nasci e cresci, existe uma forte figura do gaúcho e da cultura gaúcha. Nesse ambiente, forma-se um inconsciente coletivo, presente na mente das pessoas que foram criadas nessa mesma tradição e compartilham coletivamente daquela cultura. Essas pessoas têm acesso a esse inconsciente coletivo.

Da mesma forma, em um país em guerra, o inconsciente coletivo está relacionado à dor, ao sofrimento, aos conflitos e às estratégias militares. O mesmo acontece em outras situações e ambientes, dependendo do local, da cultura, da língua e dos costumes.

Cada grupo possui seu próprio inconsciente coletivo. Mesmo que você não faça parte desse grupo, ao entrar em contato com ele, recebe influências desse inconsciente coletivo. O nível inconsciente é mais poderoso do que se imagina.

O terceiro nível é o nível consciente. Esse é o pilar principal do que você está aprendendo e continuará aprendendo neste livro. No nível consciente, você escolhe os arquétipos sabendo para que eles servem e como podem ajudá-lo.

Conscientemente, você seleciona os arquétipos adequados aos seus objetivos e os utiliza em sua vida. Você tem consciência de sua existência, de seu propósito, de seus resultados e de seus objetivos.

Esses são os arquétipos mais importantes para você, e é por isso que você está lendo este livro, para aprender a usá-los de maneira consciente, adequada e para obter os melhores resultados.

É importante lembrar dos três níveis de conexão com os arquétipos. Além disso, o nível informacional também está relacionado à consciência. Por exemplo, posso estabelecer uma conexão com o arquétipo informacional da consciência de Gandhi ou da consciência crística de Jesus Cristo. A partir desse momento, começo a vivenciar os aspectos desse arquétipo. Isso é um arquétipo de nível informacional. A inteligência, a consciência e o comportamento tornam-se semelhantes. Lembra que mencionei que você também pode utilizar pessoas, fotos, figuras ou personagens como arquétipos? Nesse caso, você os utiliza como um nível informacional, pois busca absorver a informação que eles têm e deseja se aproximar.

Também pode acontecer de você gostar da personalidade de Gandhi ou de Buda e querer ter acesso não apenas à consciência, mas também à personalidade e ao legado que deixaram. Portanto, pode haver outras vertentes, mas o aspecto informacional e a escolha consciente estão presentes.

Os arquétipos conscientes são aqueles que você escolhe deliberadamente, sabendo para que servem e quais são seus objetivos. Você os utiliza da melhor maneira possível para obter os melhores resultados.

CAPÍTULO 20

PERSONALIDADES ARQUETÍPICAS

Fonte: https://i1.wp.com/www.spectable.com/image/original/Q/le-tar-tuffe-moliere_178736.jpg

Neste capítulo, explicarei as diferenças, os fundamentos e o conceito dos arquétipos de personalidade. Você pode ter ouvido falar desses arquétipos como arquétipos de marca. Aqui está o motivo: grandes marcas na publicidade utilizam essa escala de arquétipos para criar suas marcas.

Por exemplo, a Nike usa arquétipos para se conectar com um público que se identifica com o arquétipo que melhor representa sua marca.

O mesmo acontece com Coca-Cola, Panasonic e Apple. Cada uma delas se apropria da ideia e da informação contidas nesses arquétipos de personalidade. Essas empresas utilizaram esses arquétipos de forma inteligente para desenvolver suas marcas, campanhas publicitárias e até mesmo slogans.

Por isso, também são conhecidos como arquétipos de marca.

No entanto, nos conceitos de Freud e Jung, você não encontrará referências a marcas em suas pesquisas, estudos ou trabalhos. O termo arquétipo de marca é popularmente usado para explicar o quanto essas empresas se apropriam dos arquétipos de personalidade para definir melhor qual público desejam alcançar.

Basicamente, é uma questão de comunicação: com qual tipo de pessoa minha marca vai se conectar? Com base nessas informações, elas definem as cores, os slogans e como o logotipo vai se relacionar com o público.

Às vezes, você pode ouvir falar em arquétipos de marca e pode ficar confuso, pensando: "Mas qual é o arquétipo de marca? Qual é o arquétipo de personalidade?". Na verdade, eles são a mesma coisa, o conceito é exatamente o mesmo. A diferença é que as empresas se apropriaram desses conceitos para criar suas marcas, como expliquei anteriormente.

Quando eu apresentar os arquétipos de personalidade, definirei e conceituarei os 12 arquétipos que existem na psicologia e na psicanálise. Você conseguirá estabelecer uma conexão com essas empresas e identificar qual é o seu arquétipo de personalidade. Também será fácil identificar o arquétipo de personalidade das pessoas ao seu redor, como clientes, funcionários, cônjuge, filhos, entre outros. Além disso, você entenderá como escolher uma nova figura, um novo arquétipo de personalidade para atuar.

Por exemplo, se descobrir que seu arquétipo de personalidade não é o ideal, você poderá substituí-lo por outro com pequenas modificações e alcançar resultados diferentes. É claro que você só pode fazer isso em relação a si mesmo, não é possível mudar a personalidade ou o arquétipo de personalidade de outras pessoas. Por outro lado, se você trabalha com uma empresa, como empresário ou tem seu próprio negócio, pode usar esses arquétipos de personalidade para criar sua identidade visual, escolher as cores da empresa ou retrabalhar uma marca existente. Eles serão extremamente úteis para suas estratégias de comunicação e marketing.

No entanto, o objetivo principal é que você identifique os 12 arquétipos de personalidade, descubra qual está vivenciando no momento em relação à sua personalidade (não aos símbolos ou animais de poder) e também identifique os arquétipos das pessoas ao seu redor.

CAPÍTULO 21

ARQUÉTIPO DE MARCA E DE PERSONALIDADE: CONCEITO

Fonte:montagem no Photoshop com fundo de cores e do círculo a fonte é https://cdn.colab55.com/images/1584394201/u/circulo-1.jpg

Carol Pearson passou mais de 30 anos trabalhando e desenvolvendo um referencial psicológico, sólido e confiável, para integrar conceitos do sistema psicológico de Jung e outros sistemas, os relacionando com desenvolvimento organizacional, marketing, posicionamento e liderança.

Já Margaret Mark possui experiência equivalente à de Pearson, aplicando e analisando percepções e fenômenos da mente humana em relação ao marketing. Juntas, descobriram que a psicologia arquetípica poderia servir de fonte para a criação de publicidade mais eficaz.

E, com base em seus conhecimentos, estudos e percepções, viram que essa psicologia arquetípica também ajuda a compreender o significado particular de cada categoria de produto e marca, consequentemente, auxiliando então os profissionais de marketing e propaganda a criarem identidades duradouras para as marcas, exercendo destaque e domínio de mercado, e despertando nos consumidores a fixação do significado, e inspirando sua fidelidade.

Em sua pesquisa, Mark e Pearson enumeraram 12 arquétipos principais que guiam a humanidade desde os primórdios dos tempos até hoje. E estas não são apenas ideias utópicas. Nas antigas Grécia e Roma, os arquétipos eram a base dos mitos, os quais eram muitas vezes representados por deuses e deusas. Contemporaneamente os representantes dessas histórias não são mais deuses, são simples mortais, mas mesmo assim essas histórias e seus enredos ainda fascinam.

E em quase todas elas um dos 12 arquétipos enumerados por Mark e Pearson (2001) estão presentes.

É importante entender que existe uma essência por trás da construção de uma marca ou empresa de consumo. É por isso que elas se utilizam dos arquétipos de personalidade, pois são fáceis de identificar e fortalecem a essência, gerando conexão. Muitas vezes, esses arquétipos se agrupam como pequenas comunidades. Quando uma pessoa vivencia um certo tipo de arquétipo, ela tende a se conectar mais facilmente com outras pessoas que possuem arquétipos semelhantes.

É importante ressaltar que você pode encontrar características de seu arquétipo em mais de um tipo de personalidade. Por exemplo, você pode perceber semelhanças com o arquétipo do sábio, do inocente e do governante, mas sempre haverá um que se destaca mais e possui características dominantes. Assim como colocar açúcar, sal e pimenta em uma comida, o arquétipo predominante é como o ingrediente que foi adicionado em maior quantidade, e é ele que terá um impacto mais significativo.

Ao longo da leitura, apresentarei cada um dos arquétipos com uma breve descrição, fornecendo exemplos não apenas de personalidades, mas também de marcas e empresas para que você possa relacionar e identificar qual deles melhor se encaixa em seu negócio e em sua personalidade.

CAPÍTULO 22

ARQUÉTIPO DE MARCA E DE PERSONALIDADE: PARTE 1

Vamos começar com o primeiro arquétipo: o Inocente.

"Somos livres para sermos nós mesmos"

Fonte usando recorte da imagem: https://taxlinked.net/sites/default/files/styles/blog_full/public/images/blog/image_7EFC0E-35-8540-434F-9C29-558F3C63DE4F_1.jpg?itok=xbZhYGlP

Como o próprio nome sugere, esse arquétipo traz pureza, simplicidade, positividade e doçura, não apenas em relação aos outros, mas também em relação a si mesmo e ao mundo ao seu redor. Ser inocente não significa ser ingênuo, bobo, desprovido de consciência ou fácil de enganar.

Na verdade, o inocente enxerga as coisas de maneira simples e acredita que grandes soluções podem ser encontradas lidando com as relações da vida, do trabalho, dos negócios e da amizade de forma descomplicada. Pessoas com esse arquétipo são autênticas, espontâneas e tomam decisões com transparência. Elas são tranquilas, genuínas e não têm problemas em falar a verdade, mesmo que isso as deixe vulneráveis.

Essa autenticidade é intrínseca a elas e se reflete em sua postura perante o mundo e nos negócios, pois acreditam nas pessoas e encaram a vida de forma leve e descomplicada.

Seguindo no arquétipo do inocente, um exemplo marcante de marca que utiliza esse arquétipo é a Dove, conhecida empresa de produtos de higiene pessoal. E muitas outras pessoas também se identificam com o estímulo de empoderamento, autenticidade, verdade, transparência, clareza, simplicidade e positividade que esse arquétipo representa.

O próximo arquétipo a ser discutido é o do Sábio.

Fonte: https://pbs.twimg.com/media/D76eCKQWsAAjw2A?format=-jpg&name=large

O sábio estimula o aprendizado e valoriza muito o ato de pensar, refletir e buscar conhecimento. Ele é uma fonte de sabedoria e grandes insights. Acredita que compartilhar conhecimento é uma forma de compreender o mundo e alcançar grandes feitos.

A personalidade do arquétipo do sábio é voltada para estar sempre atualizado nas tendências, buscando constantemente novos estudos, materiais e pesquisas para aprimorar o entendimento sobre diversos assuntos. Essa busca pelo conhecimento se reflete na linguagem, elementos visuais e discurso em geral.

Pessoas que vivenciam o arquétipo do sábio têm um desejo intenso por conhecimento, não se importam em estar sempre com um livro na mão e estão sempre em busca de entender mais. Suas características principais incluem conhecimento, pensamento crítico e honestidade.

São pessoas verdadeiras, confiáveis e inteligentes que veem no conhecimento e na sabedoria uma maneira de alcançar o mundo.

Um exemplo de empresa que utiliza esse arquétipo é o TEDx, com suas palestras internacionais que compartilham conhecimentos e deixam lições ao final de cada apresentação.

O próximo arquétipo é o do Herói.

Fonte: https://gabrielsales.com/wp-content/uploads/2014/06/b2b-content-engagement-.jpg

O herói que se destaca por sua coragem e determinação em mudar o mundo. Esse arquétipo está relacionado à superação, sendo altamente produtivo, pois essas pessoas estão sempre prontas para enfrentar desafios.

O herói encara a vida como uma jornada de superação, e mesmo diante das dificuldades, nunca se deixa abalar, sempre persevera. São pessoas extremamente focadas, disciplinadas e corajosas, capazes de superar qualquer obstáculo. O arquétipo do herói está presente em marcas como a Nike, que utiliza a assinatura "Just Do It" para transmitir a mensagem de que tudo é possível com determinação e força de vontade.

Esse arquétipo se encaixa na personalidade de muitos brasileiros, como pais e mães que enfrentam grandes desafios e têm o desejo de salvar o mundo. No entanto, é importante lembrar que também é necessário cuidar de si mesmo antes de ajudar os outros. Nas empresas, esse arquétipo é valorizado, pois transmite a ideia de ajudar e fazer o melhor tanto para si como para os outros, sendo bem-visto.

O próximo arquétipo será discutido no próximo capítulo.

CAPÍTULO 23

ARQUÉTIPO DE MARCA E DE PERSONALIDADE: PARTE II

O próximo arquétipo é o do Fora da Lei.

Fonte: https://www.bing.com/images/create/um-cowboy-com-
-mascara-e-chapeu-em-formato-de-desen/6536dd94f5c049a9a7b-
fcde30fe8fbf5?id=y7o%2fk%2fRYlp5CpvktHil%2b5Q%3d%-
3d&view=detailv2&idpp=genimg&darkschemeovr=1&edgehub=1&-
FORM=GCRIDP

Ele também é conhecido como o arquétipo do rebelde. Esse arquétipo é caracterizado por não se conformar com normas impostas. É o tipo de pessoa que não segue ordens, não se alinha à maioria e desafia a ordem estabelecida.

O rebelde busca ir além e conquistar aquilo que parece improvável. Embora isso não seja necessariamente um problema, é importante destacar que o rebelde está disposto a chegar lá, custe o que custar. Se for preciso pisar em alguém ou ir contra a lei, o arquétipo do rebelde não hesitará.

Esse arquétipo é inquieto e está pronto para desafiar as convenções, causando desconforto especialmente em relação à sociedade, aos processos arraigados e à burocracia. Ele é capaz de revolucionar o que estiver ao seu alcance.

O rebelde possui um espírito de "bad boy", permitindo que tudo associado a esse arquétipo seja visto como algo inovador e disruptivo. Para as empresas que trabalham com esse arquétipo, isso é vantajoso, pois representa algo diferente, novo e que se destaca da maioria. Um exemplo evidente desse arquétipo é a linha de motos da Harley Davidson. As pessoas que utilizam ou admiram a marca já expressam esse arquétipo em si mesmas, identificando-se com a atitude de "bad boy".

No entanto, hoje podemos observar outros gigantes da inovação, como a Apple, que, embora não sejam exatamente fora da lei, são empresas inovadoras e disruptivas. Elas possuem um pouco de cada característica desse arquétipo. Em termos de marca, a Harley Davidson é a que mais se aproxima do fora da lei ou do rebelde. Essas pessoas geralmente não se conformam com os processos impostos, leis e normas.

A principal característica desse arquétipo é a inquietude e a necessidade de chamar a atenção. Não gostam de seguir regras e estão dispostas a quebrá-las. São pessoas impacientes, não convencionais, rebeldes e, em alguns casos, até um pouco ofensivas. Se você se identifica com essas características, pode ser que tenha um pouco do arquétipo do rebelde ou do fora da lei em sua personalidade.

Para marcas, isso é algo positivo, pois representa inovação e disrupção. No entanto, para personalidades individuais, pode ser um tanto impróprio.

CAPÍTULO 24

ARQUÉTIPO DE MARCA E DE PERSONALIDADE: PARTE III

O próximo arquétipo é o Explorador.

Fonte: https://www.flaticon.com/br/icone-gratis/sherlock_503985?-term=sherlock+holmes&page=1&position=67&origin=tag&related_id=503985

Ele é extremamente extrovertido e tem o desejo de conhecer o mundo e amar a liberdade. Essas pessoas não conseguem ficar presas em um único lugar, nem viver uma vida monótona; elas anseiam pela liberdade o tempo todo. Conforme o nome sugere, o explorador carrega consigo uma vontade de novidades, de explorar o mundo e evitar as amarras e o tédio do dia a dia. A ambição também é uma característica marcante desse arquétipo.

Ele valoriza a liberdade e acredita que sensações como felicidade e plenitude só podem ser alcançadas quando há uma quebra de rotina. Esse arquétipo está muito associado à geração Y, que busca constantemente novas experiências. A principal característica do explorador é a liberdade, o perfil extrovertido, a paixão por aventura e a coragem de se entregar ao mundo e a tudo que ele tem a oferecer. Uma das marcas que personificam esse arquétipo de explorador é a Land Rover.

Ela é um excelente exemplo de uma marca que explora muito bem as características de pessoas que possuem um veículo utilitário, como uma caminhonete, e podem explorar o mundo de maneira intensa, ampla e desafiadora. Ao observar essa marca, é possível notar carros em movimento, paisagens desafiadoras e grandes obstáculos.

A Land Rover convida seus clientes a se desafiarem, a saírem da rotina e a viverem momentos incríveis. Essa mentalidade também é facilmente identificada em pessoas que não gostam de ficar presas em escritórios, que buscam uma vida variada e até mesmo naquelas que evitam compromissos como relacionamentos, casamento, filhos, chefes e a monotonia diária. Elas anseiam por liberdade, por explorar e descobrir o mundo ao seu redor.

CAPÍTULO 25

ARQUÉTIPO DE MARCA E DE PERSONALIDADE: PARTE IV

O próximo arquétipo é o Mago.

Fonte: https://magenoir.com/blogpart/assets/images/artworks/crimson_ritual.jpg

Ele é amplamente conhecido e discutido nas redes, mas frequentemente mal interpretado. O arquétipo do mago não se deixa levar pelo óbvio. Preste atenção, não se trata do óbvio ao qual você já está acostumado, mas sim da busca por explicar o que não pode ser explicado.

Ele utiliza suas características para alcançar isso. De que maneira? Buscando formas criativas de resolver seus desafios e problemas. Ele foge do senso comum e busca propostas inovadoras e interessantes. Ele procura soluções para problemas e dores, saindo das expectativas que a maioria das pessoas segue. Seu principal objetivo é transformar a realidade do senso comum.

O mago pode conter um toque de mistério, improvisação, ironia e ilusão. Como o próprio nome sugere, ele também está associado à magia. Uma das características importantes desse arquétipo é a coragem, a inovação e a criação de novas ideias, que às vezes são vistas como loucuras. Uma das marcas que utiliza o arquétipo do Mago é a Red Bull. Por exemplo, as redes sociais da Red Bull são compostas principalmente por vídeos de pessoas realizando atividades incomuns, mágicas e fora do convencional.

A empresa também promove competições em que pessoas comuns devem criar dispositivos caseiros para voar por um determinado período de tempo até caírem no chão. Essa abordagem é repleta de loucuras, criatividade e adrenalina.

As principais características desse arquétipo são a liberdade, a coragem, a improvisação, a intuição, o carisma e a capacidade de realizar sonhos e soluções, de improvisar, de se adaptar e de tornar possível a magia acontecer.

CAPÍTULO 26

ARQUÉTIPO DE MARCA E DE PERSONALIDADE: PARTE V

O arquétipo a seguir é até um pouco contraditório, pois existe um arquétipo chamado Pessoa Comum. Como assim Pessoa Comum?

Fonte: https://www.flaticon.com/br/icone-gratis/adicionar-usuario_4159587

Pessoa Comum é aquela que não se destaca na multidão. Apesar disso, também é um arquétipo, mesmo que não se encaixe nas figuras mais proeminentes. O arquétipo da Pessoa Comum prefere se perder no meio da multidão a chamar atenção. Esse é um dos maiores medos desse arquétipo.

As pessoas que se identificam com ele são extremamente reservadas, não expressam seus pontos de vista ou opiniões que possam gerar conflitos, e vivem suas vidas despercebidas, como se não estivessem ali.

A Pessoa Comum é fácil de lidar, mas também se preocupa em ser parecida com os demais para se identificar com todos. O objetivo principal é ser inserido na sociedade de forma efetiva, sendo aceito pelas pessoas sem causar muitos problemas. Esse arquétipo tem afinidade com a rotina, não se importando em seguir o mesmo caminho que os outros, e não busca uma fórmula mágica para o sucesso. A eficiência é alcançada de forma prática, democrática e acessível.

O exemplo mais comum desse arquétipo é a marca Havaianas, uma das mais conhecidas atualmente. Por quê? Porque elas são comuns, conseguem se identificar com pessoas normais, transmitindo uma imagem neutra, passiva e rotineira. Não significa que não haja nada especial, mas sim que esse arquétipo é mais neutro. Uma das características desse arquétipo é a neutralidade, a reserva e a normalidade.

Nas empresas, como a Havaianas, o padrão interessante desse arquétipo é que, mesmo com a presença de atores famosos em suas campanhas, eles são retratados como pessoas comuns, como eu e você. Um passeio na praia, encontrando um amigo que usa Havaianas. Essa abordagem sempre busca uma linguagem acessível e desperta um sentimento de acessibilidade e facilidade. Esse é o arquétipo da Pessoa Comum.

CAPÍTULO 27

ARQUÉTIPO DE MARCA E DE PERSONALIDADE: PARTE VI

O arquétipo seguinte é do Amante.

Fonte: https://cdn4.vectorstock.com/i/1000x1000/68/98/happy-march-8-international-women-s-day-vector-21996898.jpg

Embora o nome remeta a um sentimento romântico, o ponto principal desse arquétipo não envolve necessariamente romance e amor, mas sim a personalização. O objetivo é despertar paixão, interesse e carisma. É um arquétipo envolvente, pois valoriza os relacionamentos. Essa pessoa se relaciona facilmente, é amiga de todos, se entrega de corpo e alma. Está sempre buscando se aproximar das pessoas e usa essas qualidades para proporcionar uma experiência única a elas. É quando você se aproxima de alguém e sente uma conexão incrível, mesmo em uma simples conversa, é prazeroso e conectante.

Uma das características fortes desse arquétipo é a capacidade de apaixonar, abrir o coração, atrair e viver relacionamentos intensos. É interessante notar que as marcas que utilizam esse arquétipo também buscam envolver e seduzir. O acesso a seus produtos ou serviços é restrito a um número menor de pessoas, despertando sentimentos de sedução, amorosidade e exclusividade. É uma categoria presente em frases de propaganda de perfumes, por exemplo, devido à sensualidade, ousadia e intimidade.

A ideia é criar um vínculo capaz de conversar diariamente e estabelecer uma conexão íntima e próxima com as pessoas. Uma empresa que utiliza muito esse arquétipo é a Dior, em cosméticos, perfumes, maquiagem e acessórios, pois deseja criar uma ideia de aproximação, conquista e conexão.

O arquétipo do amante não se refere apenas à pessoa sexy, sensual e atraente, mas principalmente àquela que se entrega facilmente, tem facilidade em fazer amizades, chamar atenção e ganhar o carinho das pessoas.

CAPÍTULO 28

ARQUÉTIPO DE MARCA E DE PERSONALIDADE: PARTE VII

O próximo arquétipo é o do Bobo.

Fonte: https://www.flaticon.com/free-icon/joker_494501

Por incrível que pareça, existe um arquétipo para essa personalidade. Ele também é conhecido como bobo da corte, pois os reis tinham um bobo para alegrar suas vidas. A ideia aqui é divertir. Essas são as pessoas engraçadas, acessíveis e despreocupadas. Esse perfil é conhecido por fazer graça, seja de si mesmo ou da vida, de uma maneira tranquila. Não se espera grandes posicionamentos desse arquétipo, seja das pessoas ou das empresas ou marcas que o empregam, pois ele se utiliza muito do bom humor. Os humoristas, como Anderson Looney e outros conhecidos, expressam muito bem esse arquétipo do bobo, pois o objetivo deles é o humor.

São espontâneos, divertidos e animam a todos ao seu redor. Por onde passam, deixam um clima de alegria. Conseguem transformar o ambiente, tornando-o mais leve e descontraído. A principal característica é a alegria, a leveza, a felicidade e a espontaneidade. São despreocupados e brincalhões. Geralmente, quem apresenta esse arquétipo se utiliza muito bem da simpatia.

Uma das empresas que gosta de utilizar esse arquétipo é a cerveja Skol. Ao utilizar seu produto, que é de fácil acesso ao consumidor brasileiro, principalmente em larga escala, a marca se posiciona como uma personagem que leva a cerveja para diversos destinos famosos ao redor do mundo.

O resultado é o bom humor, um conteúdo que gera grande identificação por parte das pessoas que o leem, sempre trazendo alegria, felicidade e descontração à situação. Sempre que você vê alguém que leva tudo na brincadeira, com humor e com essa característica, é muito bom, claro, mas eles estão vivenciando o arquétipo do bobo.

Algumas empresas fazem isso justamente para chamar atenção, e assim conseguem obter resultados maiores do que se imagina.

CAPÍTULO 29

ARQUÉTIPO DE MARCA E DE PERSONALIDADE: PARTE VIII

O próximo arquétipo é o do cuidador.

Fonte: https://msk.massa-tela.ru/uploads/image/%D1%81%D0%B5%-D1%80%D0%B4%D1%86%D0%B5.jpg

O arquétipo do cuidador tem como principal característica promover o bem-estar e cuidado para outras pessoas. As ações desse arquétipo são sempre repletas de cuidado e empatia, sendo uma característica valorizada na maioria das vezes. Podemos esperar muito carinho e afetividade no posicionamento dessas pessoas, e quando se trata de encontrar soluções para melhorar a vida dos outros, elas não medem esforços. Se podem ajudar e promover isso, elas o farão. A meta é sempre ajudar o próximo. A ideia de negar ajuda é fortemente desencorajada por aqueles que vivem esse arquétipo. Eles colocam o foco sempre nos outros, não em si mesmos, assim como a necessidade de ajudar e melhorar a vida das pessoas.

Essa atitude faz com que seus processos sejam sempre os melhores, diferenciados, visando ao bem-estar daqueles ao seu redor. A principal característica desse arquétipo é a empatia, o cuidado, o afeto e o amor.

São pessoas muito prestativas, sempre dispostas a dar o seu melhor. Uma das marcas que utiliza muito esse arquétipo é a instituição Médicos Sem Fronteiras. Um dos melhores exemplos desse arquétipo pode ser observado em suas redes sociais.

O foco principal é nos conteúdos que envolvem as pessoas, suas necessidades e dores, tudo feito de maneira extremamente humanizada, seja através de campanhas ou oferecendo auxílio e ajuda.

Eles estão sempre em busca de ajudar, estender a mão e agir em prol do outro, sempre o outro em primeiro lugar.

Esse arquétipo também está muito presente em médicos, enfermeiros e cuidadores de pessoas com necessidades especiais, idosos e aqueles envolvidos no bem-estar geral. Portanto, é bastante evidente a presença desse arquétipo tanto na personalidade dessas pessoas quanto nas marcas que o utilizam.

CAPÍTULO 30

ARQUÉTIPO DE MARCA E DE PERSONALIDADE: PARTE IX

O próximo arquétipo é um tanto inusitado, mas é o arquétipo do Criador.

Fonte: https://br.freepik.com/vetores-gratis/conjunto-de-tres-lampadas-representa-o-conceito-de-ideia-de-negocio-eficaz_37588597.htm#query=L%C3%A2mpada%20linha%20estilo%20inova%C3%A7%C3%A3o%20ideia%20s%C3%ADmbolo%20%C3%ADcone%20isolado%20ilustra%C3%A7%C3%A3o%20vetorial&position=1&from_view=search&track=ais

O criador é aquela pessoa engenhosa e criativa, que não descansa até encontrar outro projeto interessante com traços artísticos, deixando sua marca e sua visão no mundo. Ele gosta de compartilhar e valorizar ideias, sempre trazendo consigo essa característica marcante devido à sua extrema criatividade.

Nesse arquétipo, tudo pode ser potencializado, já que ele enxerga oportunidades de criação em tudo o que vê e promove. O criador está constantemente em busca de novos projetos, algo único que só ele é capaz de desenvolver. As principais características desse arquétipo são a criatividade e a imaginação abundante. Uma das marcas que se utiliza muito bem desse arquétipo é a Lego.

A empresa Lego é um ótimo exemplo de uma marca voltada para os criadores, pois, a partir de seus blocos, é possível mergulhar em um mundo cheio de possibilidades de criação, permitindo que a imaginação do indivíduo seja o limite. Ela trabalha com traços criativos, valoriza grandes criações e estimula projetos grandiosos. De forma prática, a Lego mostra a todos a possibilidade de adquirir uma caixa cheia de peças para montar e criar.

CAPÍTULO 31

ARQUÉTIPO DE MARCA E DE PERSONALIDADE: PARTE X

O outro arquétipo é o do Governante, chegando ao último arquétipo.

Fonte: https://parspng.com/wp-content/uploads/2022/03/crownpng.parspng.com_.png

O governante é aquele que se posiciona como líder, confortável em meio a grandes multidões, com facilidade de expressão e grande poder de persuasão. Possui um carisma marcante, que é percebido com frequência, e não hesita em investir em aspectos que demonstram autoridade e força no discurso.

Essas pessoas têm a capacidade de unir um grupo específico ao seu redor, criando uma comunidade restrita em torno delas. Aqueles que conquistam essa posição são vistos como líderes, superiores e pioneiros. Eles gostam de estar sempre no controle ou encontrar maneiras de convencer as pessoas a agirem de acordo com o que consideram melhor. São extremamente responsáveis e evitam assumir riscos desnecessários, o que pode torná-los um pouco previsíveis, mas isso não diminui o seu valor. Sua posição faz com que sejam respeitados e temidos.

Uma das principais características desse arquétipo é a liderança, a justiça, a responsabilidade, a persuasão e a seriedade.

São pessoas que transmitem uma marca de seriedade. Uma das marcas que utiliza muito bem esse arquétipo é a Rolex. Quando se pensa ou se vê um Rolex, percebe-se o valor da imagem, o prestígio que essa característica do arquétipo transmite para aqueles que utilizam a marca Rolex. Obviamente, isso agrega muito valor e se destaca nos relógios, pois atrai a qualidade e a excelência associadas a essa marca.

A marca cria uma identidade e personifica o produto, convidando as pessoas que o utilizam a se unirem ao arquétipo do governante por meio da marca. A importância desse arquétipo vai além do lucro, buscando criar uma persona e uma visão do público em relação à governança, à liderança, a um diferencial e a um posicionamento.

Esse arquétipo também é muito utilizado por CEOs e pessoas de alta patente, que têm maior controle em empresas e indústrias, assim como por políticos, que possuem essa característica marcante do governante. Grandes empresas de marcas de luxo também se utilizam desse arquétipo de forma significativa.

CAPÍTULO 32

RECAPITULANDO

Fonte: https://amuracomunicacao.com/wp-content/uploads/2021/05/A-import%C3%A2ncia-dos-arqu%C3%A9tipos-na-sua-marca.jpg

Agora que você já conhece os 12 arquétipos de personalidade e os arquétipos de marca, vou fazer uma breve recapitulação, mencionando cada um deles e fornecendo algumas características resumidas para enfatizar as informações que você aprendeu aqui.

Começando com o Inocente, arquétipo da segurança, independência, realização e motivação. O Explorador está relacionado à liberdade; o Sábio à compreensão. Na linha da motivação, risco e excelência, temos o Rebelde, ligado à libertação; o Mago, relacionado ao poder e conhecimento; e o Herói, associado à excelência. Na comunidade, prazer e motivação, encontramos o Cara Comum, que busca pertencer à comunidade; o Bobo da Corte, relacionado à amizade e alegria; e o Amante, ligado à intimidade e entrega. Na estabilidade, controle e motivação, temos o Cuidador, sempre disposto a ajudar; o Criador, atento às inovações; e o Governante, relacionado ao controle e personificação da liderança.

Essa é uma breve descrição para você compreender o impacto de cada arquétipo, suas áreas de atuação e a essência de cada um dos 12. Para identificar qual arquétipo uma pessoa está vivenciando, observe as características mais acentuadas em sua personalidade.

Por exemplo, é fácil identificar alguém que se encaixa no arquétipo do Bobo pelas suas características distintivas. Isso vale para o Cuidador, o Sábio e assim por diante.

Você pode identificar qual arquétipo está sendo vivenciado com base nas características predominantes, nas ações mais frequentes e nas inclinações da pessoa. Isso também se aplica às pessoas ao seu redor, como colegas de trabalho, funcionários, relacionamentos pessoais. Ao compreender os arquétipos que eles estão vivenciando, você saberá como lidar melhor com cada um deles.

É importante conhecer as pessoas com as quais você convive regularmente — amigos, funcionários, clientes, chefe, vizinhos — para entender com qual arquétipo você está lidando e como interagir com cada pessoa. Isso torna mais fácil identificar seu arquétipo predominante e marcante.

No próximo capítulo, vou falar sobre como substituir, trocar e vivenciar um arquétipo de personalidade diferente.

CAPÍTULO 33

COMO SUBSTITUIR, TROCAR E VIVENCIAR UM ARQUÉTIPO DE PERSONALIDADE DIFERENTE

Fonte: https://nonprofitupdate.info/wp-content/uploads/2020/12/hypocrite-fox-with-mask-adobe.jpeg?w=300

Agora que você já conhece os 12 principais arquétipos de personalidade, bem como os arquétipos de marca, fica mais fácil entender o seu próprio arquétipo e o substituir por outros que melhor reflitam seus objetivos e aquilo que você deseja que as pessoas reconheçam em você.

Por exemplo, digamos que você tenha identificado que o seu arquétipo atual, aquele que você mais vivencia e que pode ser substituído, seja o do Cara Comum.

No entanto, você percebe que esse arquétipo não irá destacar todas as suas capacidades e qualidades, e que não representará completamente aquilo que você quer transmitir. Nesse caso, você pode optar por adotar o arquétipo do Governante, por exemplo, ou qualquer outro que esteja mais alinhado com seus objetivos.

Para substituir um arquétipo vivenciado é simples. Escolha o arquétipo que você deseja enfatizar e escolha uma personalidade que represente esse arquétipo da maneira mais próxima possível. Pode ser uma pessoa real, alguém que já viveu, ou até mesmo um personagem de filme, conto ou novela. Essa figura escolhida será o símbolo da personalidade que você deseja vivenciar.

Por exemplo, se você quer trocar o arquétipo do Cara Comum pelo do Governante, você pode escolher uma pessoa como o ex-presidente Barack Obama, que personifica o arquétipo do governante e possui características de liderança. Então, você pode utilizar a foto ou símbolo dessa pessoa em sua tela de celular e começar a vivenciar a imagem dessa personalidade, que simboliza o arquétipo desejado.

Você utilizará essa imagem para entrar em contato com as características da personalidade desejada. É importante ressaltar que você não está buscando imitar os resultados ou o que essa pessoa é ou foi, mas sim buscar uma conexão com a personalidade dela. Essa pessoa possui características de personalidade que se assemelham ao arquétipo que você deseja vivenciar. Portanto, ao utilizar a imagem, você buscará uma maior identificação com a personalidade desejada.

Para usar essa imagem ou símbolo, siga os mesmos passos que ensinei para o uso dos arquétipos de imagem e símbolo. A diferença é que a personalidade é um conceito mais amplo do que a imagem ou o símbolo, pois engloba características mais abrangentes e conscientes.

Lembre-se também que existem arquétipos de níveis informacional, consciente e inconsciente. No caso dos arquétipos de personalidade, eles estão relacionados tanto à característica informacional quanto à inconsciente.

Ao começar a vivenciar conscientemente um novo arquétipo de personalidade, algumas pessoas podem dizer que não é possível trocar ou substituir seu arquétipo atual por outro, que você está preso a determinados arquétipos em sua personalidade e não pode mudar. No entanto, isso não passa de um equívoco, pois a mente humana possui plasticidade, ou seja, ela pode ser modificada e adaptada. Nossa mente não é rígida e inflexível, pelo contrário, ela pode ser moldada e transformada.

Além disso, tudo está em constante transformação, incluindo nossas características e nossa realidade. Estamos sempre em movimento e em busca de crescimento e expansão. Se tudo está em constante movimento e evolução, temos o poder de buscar nossa melhor versão, de melhorar a cada instante.

As células do nosso corpo estão sempre se renovando e se regenerando. Portanto, podemos criar uma versão de nós mesmos, com novas características, uma nova realidade e um novo padrão de vida, incluindo nossa personalidade. Nossas escolhas e o que decidimos viver em nossa vida fazem parte de nossa consciência e determinação.

A mudança está em nossas mãos, e podemos escolher conscientemente qual arquétipo vivenciar e iniciar a transformação de dentro para fora. E é isso que você fará a partir de agora.

Portanto, quando alguém disser que você não pode mudar, não acredite, pois essas pessoas desconhecem o poder da mente humana e seu potencial transformador.

Elas podem pensar que nasceram de um jeito e vão morrer da mesma forma, mas você sabe que é possível mudar completamente sua realidade, evoluir, crescer e sair do ponto em que estava. Você está aqui em busca de conhecimento, melhoria e desenvolvimento pessoal.

Você pode escolher viver uma realidade completamente diferente, o que inclui vivenciar um novo arquétipo de personalidade e experimentar novas possibilidades, realidades e experiências. Basta escolher conscientemente e começar a agir.

No entanto, um alerta: não é possível trocar ou mudar o arquétipo de personalidade de outra pessoa. Cada pessoa possui sua própria personalidade e livre-arbítrio. Podemos ajudar os outros, mas nunca interferir em suas escolhas.

Isso é respeito às escolhas dos outros e a si mesmo, e é entender que podemos ir até onde começa a liberdade e os direitos das outras pessoas.

CAPÍTULO 34

CORES ARQUETÍPICAS

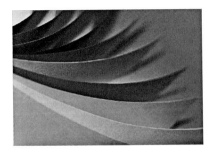

Fonte: https://inspirewebsitedesign.com/wp-content/uploads/close-
-up-colorful-colors-40799-2000-1000.jpg

Vamos falar sobre as cores. Comecemos com o vermelho.

O vermelho representa a paixão avassaladora, o vício e a sedução. No entanto, também está associado à violência e ao sacrifício, sendo utilizado para simbolizar o sangue. O vermelho pode evocar a ideia de morte e medo.

Por exemplo, no filme *O iluminado*, há uma cena em que sangue jorra do elevador, cuja cor predominante é o vermelho. Essa cena explora o conceito arquetípico do vermelho, relacionado tanto ao amor e à sedução, principalmente para a figura feminina, quanto à violência e ao terror.

Em contraste, o azul é associado ao masculino, assim como o vermelho é associado ao feminino. O azul representa pureza, confiança e tem uma conexão espiritual e mística. É comumente utilizado em referência à religiosidade e em figuras religiosas, juntamente com o branco, para transmitir uma sensação de pureza e espiritualidade. Algumas empresas também usam a cor azul em suas logomarcas para transmitir confiança, credibilidade e autoridade.

O amarelo é a cor do otimismo, da felicidade e da alegria. É associado à luz solar e à vida. No filme *O mágico de Oz*, por exemplo, a estrada que leva os personagens principais ao seu destino é representada pela cor amarela. Essa cor transmite a ideia de animação, otimismo e alegria.

O verde pode ter dois significados opostos. Por um lado, representa crescimento, tranquilidade e fertilidade. Por outro lado, também pode simbolizar decadência e podridão. No filme *O iluminado*, novamente, o banheiro do quarto 237 é todo verde, transmitindo uma sensação de deterioração e decadência. No entanto, o verde também está associado à fertilidade. Além disso, é importante mencionar que o verde é frequentemente associado ao dinheiro, como nas notas verdes de dólar.

O rosa, por sua vez, é usado para expressar um amor verdadeiro. É uma cor mais suave e remete à delicadeza e à doçura. É frequentemente relacionado à infância, à amizade, à pureza e à fraternidade. É muito utilizado em produtos e representações femininas, como bonecas e personagens como a Barbie.

O roxo está associado ao místico, sendo uma cor utilizada em rituais de transformação e purificação. Também é frequentemente associado à nobreza e à realeza. No contexto religioso, como visto na vestimenta do papa, o roxo é utilizado para simbolizar a purificação e a transformação.

O branco pode representar pureza, inocência e leveza, mas também pode ter uma conotação sobrenatural. Em filmes e histórias de terror, é frequentemente associado a situações paranormais, como luzes brancas e neblina branca, que adicionam um toque de mistério e terror.

O preto, assim como o branco, também é relacionado à morte e ao sobrenatural. No entanto, sua utilização está mais ligada ao desconhecido. O preto simboliza a escuridão, o mistério e o medo do que não é conhecido. Na cultura popular, a personificação da morte é frequentemente retratada com um manto preto, que esconde o rosto e adiciona um elemento de mistério.

No próximo capítulo, falaremos sobre os números e suas simbologias arquetípicas, não relacionadas à numerologia ou conceitos cabalísticos, mas sim ao simbolismo intrínseco de cada número, assim como tudo o que temos explorado até aqui.

CAPÍTULO 35

NÚMEROS ARQUETÍPICOS

Fonte: https://www.pngwing.com/pt/free-png-dgxmp

O número 1 representa a unidade definitiva e está relacionado à existência. No universo, é a representação da totalidade, do todo. Também simboliza igualdade, pois é único e indivisível. No sistema binário, o 1 indica que algo está ligado, enquanto o 0 representa o desligado.

O número 2 pressupõe a existência de algo. Por exemplo, ao ligar um aparelho eletrônico, o 1 indica que está em funcionamento, enquanto o 0 significa que está desligado.

O número 3 está fortemente associado ao conceito de triângulo, que representa perfeição e equilíbrio. Ele simboliza o aspecto espiritual e a transição. Na religião cristã, acredita-se que a Santíssima Trindade, composta por Pai, Filho e Espírito Santo, representa uma única entidade divina em três formas distintas. O número 3 é parte dessa união com o todo.

O número 4 está relacionado a ciclos completos, especialmente os de natureza física. Ele está associado ao quadrado e representa o começo e o fim. Podemos observar isso nas quatro estações do ano (primavera, verão, outono e inverno) e nos quatro elementos fundamentais (água, fogo, terra e ar). O número 4 representa a ideia de ciclos que se repetem a cada quatro unidades.

O número 6, embora erroneamente associado à maldade, na verdade representa a humanidade. O número 5 também está relacionado ao ser humano, sendo representado pela figura do Homem de Vitrúvio, criada por Leonardo da Vinci.

O número 7 é considerado especial e está presente em combinações dos aspectos espiritual e físico. Também é associado às sete maravilhas do mundo e é considerado um número de perfeição.

Os números 8 e 9 têm significados distintos. O número 8 é símbolo da continuidade infinita, representando a riqueza e a prosperidade. Já o número 9 é considerado um número completo e está relacionado à regra dos 9 na matemática. Ele complementa e encerra os números de um dígito.

O número 10 representa a totalidade e é associado ao conceito de perfeição. É usado para expressar o mais alto nível em diversas situações, como em avaliações ou desempenho.

Os números mencionados possuem significados arquetípicos que vão além de questões culturais ou rituais. Eles ajudam a compreender e identificar a simbologia por trás deles, proporcionando uma compreensão mais profunda de sua representação na realidade. Ao conhecer esses arquétipos, é mais fácil unir as peças do seu quebra-cabeça pessoal.

CAPÍTULO 36

ARQUÉTIPOS E SÍMBOLOS: PARTE I

Fonte: https://wallhere.com/en/wallpaper/866280

Lembram-se de quando comentei sobre outras figuras arquetípicas, símbolos básicos? É porque, além das imagens, há também símbolos, cores e números que carregam informações arquetípicas. Nas próximas páginas, vou abordar esses símbolos, números e informações para que vocês entendam quando e como utilizá-los nos negócios, na indústria cinematográfica e em outras áreas.

Vamos começar com alguns desses símbolos, muitos dos quais vocês já conhecem.

O Sol é um dos maiores símbolos arquetípicos, associado à vida e presente em várias culturas. Os egípcios e gregos adoravam o Sol como uma figura arquetípica importante. Na mitologia tupi-guarani, o deus Guaraci também está relacionado a essa energia masculina de criação e destruição.

A Lua é o oposto do Sol e representa a energia feminina. Ela possui uma dicotomia entre animus e anima, ying e yang. Também está associada ao controle, ao tempo e à colheita. Nas mitologias grega e romana, diversas deusas têm relação com a Lua, como Hecate, Selene e Ártemis.

A água é vital para a vida e é um condutor de energia. Simbolicamente, representa renovação, ciclo da vida, purificação e batismo. O mar também é um símbolo arquetípico associado à criação da vida e à jornada. Na mitologia grega, o nascimento de Vênus, ou Afrodite, está relacionado ao mar. Ele representa o amor romântico e a representação materna.

Os rios simbolizam a transição e a jornada. Em várias culturas, acredita-se que a jornada pós-morte ocorre em um rio. Na mitologia grega, por exemplo, encontramos referências a essa travessia, representada pelos rios.

O redemoinho ou espiral também é uma figura arquetípica que representa a destruição e é associada ao destino. Na mitologia, ele era representado como um monstro marinho que destruía embarcações.

O submundo representa o lado oposto da vida, o lado que não possui vida. Pode ser visto como uma passagem, um portal para outra realidade, como o inferno. É um arquétipo presente em histórias heroicas, filmes e contos, onde personagens atravessam esse limite.

O limite é um arquétipo que representa a linha que separa o normal do anormal, o mágico do ordinário. É uma fronteira que um herói precisa atravessar para iniciar sua jornada. Pode ser representado por um portal, como no caso de Harry Potter.

O mágico é outro arquétipo presente em jornadas arquetípicas. O herói muitas vezes recebe um item mágico ou aprende algo que desempenha um papel importante em sua aventura. Esse item pode ser dado por um personagem sábio, representando o arquétipo do sábio.

O fogo é um símbolo ambíguo, representando tanto a destruição quanto algo novo e avançado. Na mitologia grega, Prometeu é punido por dar o fogo à humanidade, permitindo que ela saísse da escuridão e se tornasse consciente.

A árvore simboliza o conhecimento, a sabedoria e a disseminação. Ela representa a continuidade da família, do ser humano, além de trazer as pessoas próximas umas das outras. Na metáfora da linguagem genealógica, a árvore é frequentemente usada para representar essa continuidade.

O círculo é um arquétipo que representa o ciclo, a renovação, a unidade, a imortalidade e a perfeição. Um exemplo famoso é o símbolo do Ouroboros, uma serpente que morde a própria cauda, representando um ciclo eterno.

O triângulo, definido por Pitágoras como a figura da perfeição, representa equilíbrio. É um arquétipo presente na Santa Trindade da religião cristã, onde Pai, Filho e Espírito Santo formam um triângulo equilibrado.

Essas figuras arquetípicas podem ser utilizadas em diversas áreas da vida, como o Sol, a Lua, a água, o mar, entre outras. É importante compreender o significado desses símbolos para escolher utilizá-los ou não. Além disso, há figuras arquetípicas que não são representadas em imagens, mas em livros, filmes e histórias, como o Limite e o Submundo.

Por fim, gostaria de falar sobre o mágico, o fogo, a árvore, o círculo e o triângulo. Essas figuras possuem significados arquetípicos e são utilizadas há milênios em diversas narrativas e representações.

CAPÍTULO 37

ARQUÉTIPOS E SÍMBOLOS: PARTE II

Fonte: https://i.pinimg.com/originals/db/ab/69/dbab69694eadad36a-bbc4626e55b737c.jpg

Vamos continuar com os arquétipos dos símbolos. Sabia que a jornada também é um arquétipo que simboliza o caminho a ser percorrido na vida? É uma figura presente em muitas tramas, filmes e aventuras. Estamos constantemente nos deparando com nossas próprias jornadas. Por exemplo, aquelas imagens de estradas ou caminhos em quadros, casas ou hotéis representam esse arquétipo da jornada. É uma figura arquetípica que simboliza o percurso a ser realizado.

Outro arquétipo é a missão, que consiste em um ato praticamente impossível que o protagonista ou herói deve realizar para restabelecer a paz. É comum encontrarmos esse conceito em filmes, em que o protagonista enfrenta uma missão impossível.

A tarefa é um arquétipo que representa uma ação única que somente uma pessoa, personagem ou herói pode executar. Ela estabelece a posição de direito e é exemplificada em contos medievais, como a retirada da espada da pedra pelo Rei Arthur, que prova sua nobreza, ou a utilização do arco do antigo rei por Ulisses na Odisseia. Essa tarefa a ser realizada é uma figura arquetípica.

A intervenção divina é outro arquétipo que ocorre quando uma situação só pode ser resolvida com a intervenção de um ser todo-poderoso, que controla a situação. Essa intervenção pode ser tanto a favor como contra o protagonista, como visto na história de Hércules, em que a deusa se opõe a ele por questões pessoais.

A descida é um arquétipo que representa a alteração de um estado superior para um estado inferior, geralmente para alcançar algo. Está fortemente associada ao submundo, sendo a localização natural para onde se desce. Um exemplo é o mito de Orfeu, que desceu ao submundo para recuperar sua amada.

O ritual é um arquétipo que marca a transição de um estado para outro, podendo ser utilizado em passagens importantes da vida. Exemplos de rituais são as festas de aniversário, o final do ano, festas de 15 anos e cerimônias de casamento.

A luta entre o bem e o mal é um arquétipo presente em muitas histórias, em que o protagonista, mesmo diante das dificuldades, consegue reverter o estado de maldade em algo bom. Esse arquétipo também pode ser encontrado na sociedade, como na política ou no contexto do capitalismo.

O arquétipo da morte e renascimento está representado na figura da Fênix, que morre em chamas e renasce das próprias cinzas. Esse conceito de morte e renascimento está relacionado a algo que precisa terminar para permitir um novo começo, como o fim de um relacionamento para iniciar outro ou a mudança de um negócio para outro.

CAPÍTULO 38

MANUAL DE USO DOS ARQUÉTIPOS E SUAS COMBINAÇÕES

Fonte: https://www.wallpaperup.com/uploads/wallpapers/2016/05/21/960472/1f70c0fd316664796acf9b5a080b1d72.jpg

A seguir, você encontra uma lista de arquétipos por combinações. Basta escolher qual objetivo pretende alcançar na sua vida e usar o arquétipo que combina.

Neste manual, estão as opções que você pode combinar para os casos mais comuns. Você pode usar um arquétipo em cada categoria diferente.

*Não é recomendado o uso de todos ao mesmo tempo. **Use no máximo um de cada categoria e vá alternando o uso para ver qual deles lhe traz melhores benefícios ao usar.** *(recomendação de substituição após pelo menos 6 meses de uso)*

Modo de usar: escolha o arquétipo e opte pela imagem que mais gostar (preferencialmente escolha imagens que não tenham marcas nem nomes de qualquer tipo, que seja uma imagem neutra).

Pode usar como capa ou proteção de tela no celular, computador ou tablet, também pode imprimir e colocar em um porta-retrato, quadro ou no local que for da sua preferência.

Você também pode usar na decoração da sua casa ou local de trabalho, como quadros, gravuras, estátuas, vasos, mobília etc.

NÃO COLOQUE UMA IMAGEM AO LADO DA OUTRA OU SOBREPOSTA A OUTRA, use-as separadamente (como explicado no livro).

DINHEIRO

Bambu: sorte, prosperidade, dinheiro, sucesso.

Pirita: riqueza, prosperidade, dinheiro.

Colibri (beija-flor): riqueza, prosperidade, possibilidades.

Flores: sucesso, harmonia, prosperidade, calma, paz, relaxamento, possibilidades.

Fruta: maturidade, realização, desenvolvimento, vida, abundância, prosperidade.

Grão: abundância, riqueza, prosperidade, possibilidade, morte e vida, semente.

PROSPERIDADE

Lírio: luz, fálico, prosperidade, vida e morte.

Milho: prosperidade, riqueza, crescimento, abastança.

Ouro: inteligência, luz, eternidade, perfeição, conhecimento, purificação, prosperidade e riqueza.

Sempre-viva: proteção, vida, prosperidade, crescimento.

Vulcão: prosperidade, crescimento, morte e renascimento, ciclo.

ABUNDÂNCIA

Árvore: importantíssimo símbolo de vida e prosperidade; proteção, vida, abundância, crescimento; provoca a união entre as pessoas; estimula os relacionamentos; poderoso símbolo para induzir estados de consciência.

Fonte: inconsciente, geração da vida, retorno, abundância, conhecimento, início e vida.

Hera: amizade, fidelidade, sensualidade, feminilidade, crescimento, abundância.

Ovo: fecundidade, sexualidade, vida, procriação, totalidade, início, nascimento, abundância, possibilidade, potencial, perfeição.

Uvas: abundância, vida, renascimento, conhecimento, prosperidade, alegria.

Cornucópia: abundância.

AMOR

Baleia: paz, tranquilidade, harmonia, relaxamento, amor, relacionamento.

Criança pequena: fertilidade, amor incondicional, pureza.

Casal de cisne rosa: relacionamento afetivo, amor entre duas pessoas.

Coração ou cupido: amor entre duas pessoas, romance, casal, par, relacionamento.

Mãe: amor, filhos, gratidão, recompensa, sexualidade.

Rosa: amor, simpatia, romance, alívio, ativa o chakra cardíaco, segredo, complexidade.

NEGÓCIOS

Maçã dourada: poderoso para vendas e sucesso nos negócios.

Triângulo ou pirâmide: o trino, a perfeição, atrai sucesso, magnetiza.

Montanhas, vales e nuvens: provoca um maior relacionamento entre as pessoas; firmeza, durabilidade; ascensão espiritual, impassibilidade, esconderijo, realização, revelação, ideal; ótimo para comércio, restaurantes etc.

Obelisco: culto, poder, fálico, direção, ligação.

AUTOESTIMA

Pantera: ação, volúpia, sensualidade, autoestima.

Gatos: independência, intuição, autoestima.

Livro: totalidade, ego, conhecimento, poder, conjunto, regra, destino, lei, possibilidade, fechamento, abertura, autoestima.

Coruja: força, poder, conhecimento, segurança, certeza, amor-próprio, autoestima elevada.

Herói: aquele que dá segurança, conforto, controle, sobrevive, comanda, vivo, governa.

Tigre: força, ferocidade, protetor, esforço, provoca ação, efeito muito forte; também não deve ser usado sem critério.

Unicórnio: poder, fálico, transparência, sinceridade, cura.

Urso: poder, ação inconsciente, força, resistente, determinado.

Trono: grandeza, glória, poder, sabedoria, autoridade.

Coroa: poder, autoridade moral, honestidade, honra, vitória, respeitabilidade.

Cavalo: elevada autoconfiança; velocidade, decisão, independência; é o símbolo dos gerentes e diretores.

AÇÃO-AGILIDADE-RAPIDEZ-TOMADA DE DECISÕES
(sair da procrastinação)

Raposa: transformação, dissimulação, esperteza, sábia; também não deve ser usado sem critério.

Puma: velocidade, força, autoestima, sutil, trabalha só.

Pantera: ação, volúpia, sensualidade, autoestima.

Lontra: guia, esperteza, rapidez, vida, feminilidade, felicidade, distração, prazer.

Leopardo: ação, determinação, rapidez, altivez, força, fertilidade.

Flecha: poder vital, força, decisão, intenção, fálico, dinamismo.

Espada: força, coragem, poder, fálico, decisão, separação, autoestima, autoconfiança.

CALMA E RELAXAMENTO
(diminuição da ansiedade e medo)

Cão: amizade, proteção, provoca diminuição da ansiedade.

Aquário: provoca calma e relaxamento induzindo ondas cerebrais alfa.

Âncora: apoio, constância, garantia nas dificuldades, esperança, calmante.

Bússola: direção, orientação, determina o destino, precisão, rigor, imparcialidade.

Panda: soltar, calma, tranquilidade, provoca diminuição da ansiedade.

As opções de arquétipos listadas são as que mais combinam e podem ser utilizadas em diferentes momentos da sua vida, ou alternadamente.

PROIBIDO O USO DE TODOS JUNTOS.

Em caso de mal-estar, pesadelos, dores, sintomas ou perturbações, retire o arquétipo imediatamente e substitua por outro que traga calma e leveza, como, por exemplo, o panda.

CAPÍTULO 39

OS ARQUÉTIPOS E AS PESQUISAS ACADÊMICAS

Fonte: https://images-na.ssl-images-amazon.com/images/I/61PyO-RO-67L._SL1010_.jpg

A identificação e observação dos arquétipos em pesquisas acadêmicas geralmente envolvem uma abordagem interdisciplinar que combina a psicologia, antropologia, estudos literários, folclore, mitologia, entre outras áreas. Aqui estão algumas das principais metodologias e técnicas usadas para estudar arquétipos em pesquisas acadêmicas:

1. Análise de Textos e Narrativas: os pesquisadores podem analisar mitos, contos de fadas, lendas, literatura e outras formas de narrativas para identificar padrões recorrentes que se encaixam em arquétipos conhecidos. Eles podem examinar a estrutura das histórias, os personagens, os temas e símbolos presentes para identificar elementos arquetípicos.

2. Pesquisa Etnográfica: em antropologia, a pesquisa etnográfica envolve imersão no ambiente cultural estudado. Os pesquisadores podem entrevistar membros da comunidade, estudar práticas culturais e observar rituais para identificar a presença e a relevância dos arquétipos na cultura em questão.

3. Estudos Psicológicos: na psicologia, os arquétipos são frequentemente estudados usando abordagens como a psicologia analítica de Carl Jung. Os pesquisadores podem realizar estudos sobre os padrões e temas universais presentes nos sonhos, imagens arquetípicas em psicoterapia e a relação entre os arquétipos e a experiência humana.

4. Análise de Imagens e Arte: arquétipos também podem ser identificados em obras de arte, pinturas, esculturas e outros meios visuais. Os pesquisadores podem analisar essas representações simbólicas para entender como os arquétipos são expressos e percebidos visualmente.

5. Estudos Comparativos: a comparação de mitos, lendas e histórias de diferentes culturas pode ajudar a identificar padrões arquetípicos que são compartilhados

ou variam entre as culturas. Essa abordagem ajuda a compreender a universalidade ou especificidade cultural dos arquétipos.

6. Análise de Mídia e Cultura Popular: os pesquisadores também podem investigar como os arquétipos são retratados na mídia contemporânea, como filmes, séries de TV e publicidade. A análise de personagens e narrativas populares pode revelar a persistência e adaptação dos arquétipos na cultura moderna.

É importante destacar que o estudo dos arquétipos é um campo complexo e multifacetado, e as abordagens metodológicas podem variar de acordo com o objetivo da pesquisa e o campo acadêmico em que se insere. A interdisciplinaridade é fundamental para obter uma compreensão abrangente dos arquétipos e seu papel na psicologia e na cultura humana.

CAPÍTULO 40

EM QUANTO TEMPO O ARQUÉTIPO É ACIONADO?

Fonte: https://www.miolegale.it/wp-content/uploads/silenzio-ina-dempimento-pa.jpg

A história que eu vou te contar vai responder a várias perguntas. Talvez perguntas que você possa fazer no sentido de em quanto tempo o arquétipo começa a funcionar. Será que é imediatamente? Quantas vezes eu tenho que olhar? Que tipo de resultado ele vai me trazer? Como é que eu sei se o arquétipo deu certo para mim ou não? Como é que eu posso testar? Se eu testar, como é que eu vou saber se ele está funcionando ou não? Porque em outro capítulo eu falei: vá testando. Como posso saber se está funcionando ou não?

Vou te contar esta história e você vai entender também como é que vai funcionar para você e que pode funcionar de maneira diferente. Mas o princípio é o mesmo.

Eu coloquei um arquétipo no celular e eu mexo no celular o tempo inteiro. Escolhi o Tom Cruise em um anúncio de divulgação do filme Top Gun Maverick, em que o posicionamento dele está um sucesso. Deve ser até estranho, porque eu vou nos lugares e as pessoas percebem essa foto quando o celular acende. Talvez o garçom venha servir e olhe a foto do Tom Cruise com o meu marido do lado, eles devem achar esquisito. Deve ser: "Nossa, a mulher ali com a foto do Tom Cruise, mas o marido dela tá do lado, que estranho". Eles não sabem, óbvio.

Durante semanas, quem sabe meses, o arquétipo não fez nada. Eu não senti absolutamente nada. De repente, eu comecei a ficar inquieta. Inquieta demais no meu trabalho, inquieta demais nos negócios. E eu tinha uma sensação muito ruim por causa daquela inquietude.

Eu queria fazer mais. Então eu olhava para a minha empresa, para o meu negócio e pensava assim: O que eu posso fazer para melhorar? Tem que melhorar, tem que crescer. Eu não estou gostando do lugar onde eu estou, eu preciso acelerar, eu preciso avançar, eu tenho que fazer mais. E eu fiquei com isso durante alguns dias. Foi me dando uma inquietação, que eu entendi que era como se fosse uma sensação assim de eu não estou no meu lugar.

Essa era a sensação que eu tinha. Não estou no meu lugar, meu lugar não é esse, meu lugar não é esse, meu lugar não é esse. Eu me senti assim bem deslocada.

Até que isso começou a atrapalhar o meu emocional. E eu me sentia mal. Então eu comecei a notar isso, e meu marido percebeu, eu comecei a chorar. Dizia para ele, tem alguma coisa errada, eu não me sinto bem, não parece eu, parece que eu estou vivendo a vida de outra pessoa, esse não é o meu lugar, eu não me sinto bem com nada, é como se estivesse tudo fora do lugar. Eu não estou gostando de nada que está acontecendo.

E dá aquela sensação como se eu estivesse sendo ingrata, né? Poxa, eu tenho uma vida de milhões, eu sou uma mulher de milhões, eu vivo um estilo de vida milionário, então não tem por que achar ruim. Mas era como se eu não estivesse no meu lugar. E eu não sabia explicar.

Aí uma tarde eu falei para ele, viu, vamos sair para tomar um café, porque eu adoro tomar café, adoro sair para isso aí. Vamos sair para tomar um café, porque eu estou precisando arejar um pouco a cabeça, eu não estou legal. Quando eu fui procurar roupa para vestir, parecia que com nenhuma roupa eu me sentia bem.

Mas não é que não me sentisse bem, como mulher às vezes não se sente bem com roupa, é como se as roupas não fossem minhas. Não era aquilo ali que eu queria, eu não queria nada daquilo ali. E eu não gosto muito de ficar escolhendo, então já estava perdendo até a vontade de sair.

Aí pensei, bom, vou colocar a roupa que eu mais gosto, que pelo menos eu sei que acerta na minha coloração, no meu tipo físico. Vou colocar essa aqui e vamos.

Quando eu cheguei próximo da cafeteria, a minha intuição me falou, é o arquétipo. E quando eu cheguei na cafeteria, uma das cafeterias mais caras, mais chiques aqui de Curitiba, sentei-me lá, pedi o café e falei para o papi. Comecei a descrever o que eu sentia. Me sinto inquieta, como se o lugar não fosse o meu. Tem alguma coisa maior, eu não estou conseguindo acessar. Eu tenho que fazer mais e eu posso muito mais, eu não me conformo. Eu e meu marido chamamos o Tom Cruise de Little Tom. Na hora, os dois ficaram em silêncio, porque sabíamos que era isso. Ou seja, Tom Cruise começou na carreira dele, é óbvio, muito cedo. E ele se tornou um dos atores mais bem pagos de Hollywood. Ele se tornou o número 1. E lá dentro esse arquétipo estava fazendo uma revolução tão grande na minha vida que esse arquétipo queria que eu assumisse o lugar de número 1. A melhor no que eu faço, a melhor em tudo, a líder em todos os sentidos.

Ou seja, o que é que esse arquétipo estava me passando naquele momento? **Posicionamento**. Porque essa imagem, essa figura que estava no meu celular estava bem posicionada. E era para esse caminho que a figura do arquétipo estava me conduzindo. Olha que louco.

Quando eu percebi que era isso, deixei sair, deixei vir à tona, veio para minha consciência, eu entendi, é o arquétipo. Eu tinha duas opções: ou trocava o arquétipo, porque estava me incomodando, queria fazer, sair da zona de conforto, ou eu bancava, segurava e pensava, não, eu vou continuar e quero ver o que vai acontecer.

Mesmo com medo, né, porque revoluciona a vida da gente, eu combinei com o meu marido, falei, não, eu vou continuar. Vou continuar porque eu quero ver o que vai acontecer.

E 24 horas depois veio a possibilidade de iniciar a universidade corporativa. Logo em seguida veio a oportunidade de levar o conhecimento que nós temos hoje, os nossos treinamentos, as nossas aulas, para mais de meio milhão de pessoas que falam espanhol, não só no Brasil. O Brasil tem 214,3 milhões. E nós com os países latino-americanos que são 21 países hispano-hablantes, dava quase 600 milhões de pessoas. Com mais de 200 e poucos milhões no Brasil, nós estamos falando em quase 800 milhões de pessoas.

Então, eu ia impactar essa quantidade absurda de pessoas, coisa que jamais havia passado pela minha cabeça. E um idioma que eu sou apaixonada, que é o espanhol. Aí ali eu percebi que o arquétipo estava me levando para algo muito maior do que eu imaginava, ou seja, ele queria me posicionar para mais e mais e mais e mais pessoas no meu próprio nicho de uma forma que eu nem imaginava.

E depois disso, logo na sequência, veio o reconhecimento do MEC para o nosso treinamento, que é o método da lei da atração consciente, que é o primeiro e único no Brasil e no mundo. Aí eu entendi que esse arquétipo queria elevar o meu nível.

Por isso eu me sentia deslocada, porque o lugar em que eu estava era muito pequeno. Ele queria elevar, ele queria aumentar, ele queria que eu saísse dali. E para que eu saísse dali ele tinha que movimentar. Como pode, né?

Então, eu entendi que esse arquétipo demorou um pouco para me trazer esses resultados, mas ele veio com uma avalanche. De lá para cá nós passamos a trabalhar com alunos de mais de 21 países hispano-hablantes, eu passei a estudar mais o idioma espanhol para conversar com esses alunos, para fazer aulas, para gravar treinamentos, para gravar vídeos para eles.

Logo veio o reconhecimento do MEC, logo nos tornamos universidade, e tudo que está acontecendo aqui é para um crescimento gigantesco. Logo nós saímos já nas mídias, nos meios de comunicação, como matéria, por conta do reconhecimento do MEC, eu recebi convite para palestrar na Europa, fui nomeada a receber o título de Dr.ª Honoris Causa e passei a ser a única em minha área de atuação a ser Dr.ª Honoris Causa, ou seja, tudo isso trouxe autoridade, chamou a atenção de uma maneira que eu não imaginava.

E isso foi resultado do uso desse arquétipo.

Então, o que vai acontecer com você, quando você for utilizando os arquétipos, é que você tem que prestar atenção em como você vai reagir. Porque tem pessoas que têm reações físicas, tem pessoas que têm reações com sonhos, outras com pesadelos, outras vão ter decisões grandes para tomar, outras vão mudar um pouco a personalidade, vão mudar um pouco o temperamento, pode mudar a maneira como se comportam, como falam.

Tem algumas mudanças que vão acontecer e na maioria das vezes se o arquétipo é bom e é forte as mudanças serão significativas e serão boas. Agora se o arquétipo não for tão bom assim as mudanças serão ruins e pode ser que você sinta alguma situação, alguma sensação boa ou outras ruins e assim você tem que ir entendendo e conhecer-se em primeiro lugar.

Conhecer você, saber o jeito que você é, o jeito que você reage com as coisas, para entender o efeito que aquele arquétipo está causando na sua realidade. E pode ser que demore um dia, uma hora, pode ser que demore uma semana, pode ser que demore um mês, pode ser que demore um semestre para começar a notar os resultados do arquétipo. Como nesse caso, que demorou mais. Mas o importante é que você vá entendendo, olha, isso aconteceu devido ao uso do arquétipo. Então se foi algo ruim, eu substituo aquele arquétipo por outro. E se foi uma coisa boa, eu posso continuar com aquele arquétipo ou eu posso entrar com outro melhor ainda.

Antes de eu usar o arquétipo do Tom Cruise, eu utilizei o arquétipo do Barão de Mauá. E me senti bem impaciente, até um pouco mais extremista. Eu queria matar, estava muito passional. Provavelmente porque o Barão de Mauá era assim, então um pouco da personalidade é como se herdasse um pouco disso. Eu me torno igual à pessoa? Não. Eu me torno essa pessoa? Não. Mas eu me aproximo muito das coisas que essas pessoas, essas figuras utilizadas como arquétipo, fariam. E que eu não faria, por exemplo.

Portanto, quando você selecionar alguém, uma consciência, características para se aproximar, tome cuidado. Teve uma vez que eu usei... a consciência característica arquetípica de um empresário dos Estados Unidos. E fiquei superimpaciente, mas superimpaciente. Eu brigava com todo mundo, eu xingava todo mundo. Eu demiti vários funcionários naquela época, então eu fiquei bem complicada. Complicada até para conviver com as pessoas próximas, meu marido, meu filho. Eu fiquei bem irritada e eu entendi que era o arquétipo dessa pessoa.

Ou seja, eu não conhecia essa pessoa, não era uma pessoa próxima a mim, era uma figura que eu admirava. E eu entendi que essa pessoa era uma pessoa muito irritante, porque eu estava ficando irritante igual a ela. Troquei o arquétipo e utilizei outros. Porque quando você usa o arquétipo, vamos supor, do grão, o grão não tem uma personalidade, ele só tem a informação da prosperidade, da riqueza, da abundância, então é isso que você vai ter.

Agora, quando você usa um personagem ou uma pessoa para ter os atributos de personalidade dela, conquistas que ela teve, para se aproximar do conhecimento, da consciência, das características dela, você acaba pegando também um pouco da personalidade.

Se a pessoa é muito irritada, você vai ficar um pouco mais irritado(a) que o normal. Se a pessoa é bem calma, bem tranquila, vamos supor, imagina a figura arquetípica de Gandhi, imagina a figura arquetípica de Buda. Agora, imagina a figura arquetípica de uma pessoa irritada, de uma pessoa nervosa, de uma pessoa mais extremista. Isso também tem que ser levado em consideração na hora de escolher.

Ah, eu quero escolher você, tia Lu. Tudo bem, mas será que você dá conta de se aproximar da minha personalidade? Eu sou uma pessoa extremamente fria em alguns casos, extremamente dócil em outros, sou superprofissional.

Às vezes a pessoa que não é tão profissional, que é um pouco mais passiva, que é um pouco mais amorosa, ela não vai gostar tanto, porque a minha característica não é tão parecida com essa. E pode ser que isso interfira na personalidade da pessoa que estiver usando um arquétipo com a minha figura, por exemplo.

Ah, mas eu quero o seu conhecimento, a sua consciência, a sua inteligência; ótimo, mas não tem como separar. Não tem como, vão vir os atributos, vai vir o ônus e o bônus, pode ser que você comece a gostar mais de música clássica e de música gaúcha, que é o que eu curto pra caramba, e aí de repente você vai dizer assim, nossa, mas esse aqui não é o meu gosto musical. Ah, mas eu estou usando o arquétipo da Lucimara, então querendo ou não essas características vão se aproximar, é como se fosse um perfume de que eu sinto o cheiro, mesmo que de longe, mas eu sinto. E você tem que entender que isso é resultado desse arquétipo que você escolheu.

Então você pode utilizar arquétipos de pessoas de sucesso, de pessoas que você admira, de pessoas famosas, para aproximar as características. Napoleon Hill já utilizava isso, Napoleon Hill ensina isso, inclusive, no manuscrito dele. Ele conta como é que ele fazia isso mentalmente, como é que ele fazia esse *master mind* dessas figuras, dessa mente mestra, criando uma mente mestra muito maior para que ele pudesse ter, ancorar, absorver o atributo dessas consciências; é uma maneira de utilizar como informação da figura arquetípica de cada personalidade, mas ele nunca contou no manuscrito qual é o ônus disso.

E eu estou te contando aqui qual o ônus e qual o bônus. Você tem que estar preparado para isso. Mas você pode escolher, não tem problema nenhum.

Você também pode usar arquétipos de personagens reais ou fictícios. Lembra que contei do Tom Cruise? Ele é Tom Cruise de verdade, mas eu poderia ter escolhido a Branca de Neve, que é apenas ficção, ou escolher a Miranda Pristley (personagem que foi interpretada por Meryl Streep em *O diabo veste Prada*). Independentemente de ser real, personagem ou fictício, pode servir como arquétipo, mas lembre-se: terá o ônus e o bônus das características da personalidade, seja real ou não, da figura que você escolher utilizar.

Por isso, escolha com cuidado e use com moderação.

Falando em usar com moderação: NADA DE MISTURAR 5, 10, 20, 30 FIGURAS E ARQUÉTIPOS AO MESMO TEMPO, HEIN. Deixei em letra maiúscula para ter certeza de que a informação chegou até você leitor(a). Pois misturar símbolos, cores, números, imagens, fotos, decorações e personagens tudo ao mesmo tempo te trará muitos problemas, até mesmo sintomas fortes, por isso, use no máximo 3 — pode ser um no quarto, outro no trabalho e outro no celular, nada de colocar todos no computador ou na mesa de trabalho e achar que é esperto(a), pois isso irá te trazer problemas.

Outro aviso: não fique muito tempo com o mesmo arquétipo, varie a cada 3 ou 6 meses no máximo. Vá trocando e experimentando outros e sempre fique de olho em como você irá reagir, se terá insônia ou pesadelos, como ficará sua saúde e personalidade. Qualquer sensação diferente da normal, substitua o arquétipo imediatamente.

Use com MODERAÇÃO e inteligência.

CAPÍTULO 41

AS ABORDAGENS MODERNAS EM RELAÇÃO AOS ARQUÉTIPOS, ALÉM DA PERSPECTIVA JUNGUIANA

Fonte: https://www.liberecomunita.org/images/media/2022/dasein.jpg

Além da perspectiva junguiana, existem outras abordagens modernas em relação aos arquétipos que foram desenvolvidas por diferentes pesquisadores e estudiosos. Algumas dessas abordagens incluem:

1. Abordagem da Psicologia Arquetípica: James Hillman, um psicólogo e escritor influente, desenvolveu a psicologia arquetípica, que se baseia nos conceitos de Jung, mas enfatiza a importância dos arquétipos em sua forma intrínseca, sem tentar interpretá-los ou explicá-los de forma excessivamente psicológica. Hillman vê os arquétipos como entidades autônomas e independentes que moldam a psique humana.

2. Abordagem Transpessoal: a psicologia transpessoal expande a visão da psique além do ego individual e busca compreender a dimensão espiritual e transcendental da experiência humana. Nessa abordagem, os arquétipos são vistos como símbolos que refletem a jornada espiritual e a busca por significado mais profundo na vida.

3. Abordagem Mitológica e Comparativa: estudiosos da mitologia, como Joseph Campbell, Mircea Eliade e Carl Kerényi, exploraram os arquétipos por meio de uma análise comparativa de mitos e lendas de diferentes culturas. Eles enfatizaram os padrões universais presentes em mitos ao redor do mundo e a importância dessas histórias como expressões dos arquétipos.

4. Abordagem Arquetípica na Literatura e Crítica Literária: a análise arquetípica na literatura é usada para identificar padrões simbólicos e temas universais presentes em obras literárias. Essa abordagem explora como os arquétipos são representados e como influenciam a estrutura narrativa e o desenvolvimento dos personagens.

5. Neurociência e Arquétipos: algumas abordagens modernas exploram os arquétipos a partir de uma perspectiva neurocientífica, investigando como certos padrões de

atividade cerebral podem estar relacionados a experiências arquetípicas e símbolos universais.

Essas abordagens modernas buscam expandir e aprofundar o entendimento dos arquétipos, conectando-os com diversas áreas do conhecimento, como psicologia, mitologia, literatura, neurociência e espiritualidade. Cada uma dessas abordagens oferece uma perspectiva única e valiosa para a compreensão desses padrões universais que desempenham um papel significativo na vida humana e na cultura.

CAPÍTULO 42

OS ARQUÉTIPOS PODEM MUDAR AO LONGO DO TEMPO E EM DIFERENTES CONTEXTOS CULTURAIS?

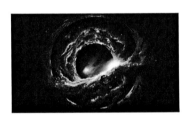

Fonte: https://br.freepik.com/fotos-gratis/o-ceu-noturno-brilha-com-
-iridescente-ia-generativa-do-espaco-profundo_41040727.htm#-
query=universo&position=0&from_view=search&track=sph

Embora os arquétipos em sua essência sejam padrões universais e profundos presentes no inconsciente coletivo humano, é possível que eles possam ser interpretados, adaptados e manifestados de maneiras diferentes ao longo do tempo e em diferentes contextos culturais. Essas mudanças podem ocorrer por diversos motivos:

1. Evolução cultural: a evolução das sociedades ao longo do tempo pode levar a novas interpretações e manifestações dos arquétipos. As mudanças culturais, tecnológicas, políticas e sociais podem influenciar como os arquétipos são expressos e compreendidos em diferentes épocas.

2. Híbridos culturais: com a globalização e a interação entre diferentes culturas, é possível que ocorram combinações e hibridizações de arquétipos de várias tradições. Essa mistura pode levar a novas formas de expressão arquetípica.

3. Contextos sociais e históricos: as necessidades e desafios enfrentados por uma cultura em um determinado momento histórico podem influenciar a ênfase e a representação de certos arquétipos em suas narrativas e crenças.

4. Adaptação para audiências contemporâneas: nas formas de mídia moderna, como cinema, TV e literatura, os arquétipos podem ser adaptados para atrair e ressoar com as audiências contemporâneas.

5. Variação na mitologia e religião: diferentes religiões e sistemas mitológicos podem retratar arquétipos de maneiras únicas, refletindo suas crenças e valores específicos.

Apesar dessas variações e adaptações culturais, a base arquetípica subjacente permanece como uma constante, conectando diferentes tradições e histórias através dos elementos comuns que compartilham. Os arquétipos são tão fundamentais que sua presença pode ser encontrada mesmo em formas de arte e narrativas muito distintas.

Portanto, embora possa haver variações culturais e temporais, os arquétipos continuam a desempenhar um papel importante na compreensão da psique humana e das histórias que contamos como seres humanos, revelando aspectos fundamentais e universais da experiência humana que influenciam diretamente a forma como o ser humano se comporta, pensa, age e faz as suas escolhas ao longo da vida.